中公新書 2281

山田雄司著

怨霊とは何か

菅原道真・平将門・崇徳院

中央公論新社刊

まえがき

怨霊《おんりょう》とは死後に落ち着くところのない霊魂であり、それが憑依《ひょうい》することにより個人的に祟《たた》ることから始まって、疫病・災害などの社会全体にまで被害を及ぼす存在と考えられていた。本書では、日本三大怨霊といわれる菅原道真《すがわらのみちざね》（八四五－九〇三）、平将門《たいらのまさかど》（九一六－四〇）、崇徳院《すとくいん》（一一一九－六四）がどのようにして怨霊となって人々を恐怖におとしいれ、さらにはいかなる鎮魂がなされたのか、そして、近世を経てどのように受け継がれて現代に至っているのか、具体的に明らかにしていく。

まず第一章で怨霊と一般的霊魂とはどこが違うのか、霊と神との関係はいかに考えられてきたのかといった点について考察する。そして、続く第二章でなぜ怨霊は発生するのか時代的背景を考え、「怨霊」という言葉が初めて用いられた早良《さわら》親王に着目し、それ以前とそれ以後ではどのように鎮魂の方策が変化したのか述べる。そして、仏教が鎮魂の主役を果たしていたことを明らかにする。

以下、菅原道真・平将門・崇徳院の怨霊について、なぜこの三人が三大怨霊とみなされるようになったのか、そこには江戸時代における読本《よみほん》や歌舞伎などが大きく影響を与えていることを述べる。

道真の場合は『北野天神縁起《きたのてんじんえんぎ》』の記事を中心に、怨霊を鎮魂することが仏教の勢力争いと大きく関係していた点を明確にし、なぜ祟る神から学問の神へと転換したのか、日本人の神観念の中に位置づけていく。また、人を神として神社に祀《まつ》るあり方について考えていく。そして、近世では浄瑠璃をはじめとしたさまざまな芸能で道真が題材としてとりあげられ、近代になると一転して忠臣としての側面が強調されたことを指摘したい。

平将門の場合は『将門記《しょうもんき》』を中心に、なぜ関東において将門は人気があり、各地に遺跡が残っているのかといった点について、将門はどのような存在と考えられていたのかという観点から考えてみたい。そして、江戸・東京と将門との関係を考察する。

崇徳院の場合は、『保元物語《ほうげんものがたり》』に描かれる崇徳院の祟る姿は、後鳥羽院《ごとばいん》をモチーフに描かれていることを述べ、配流地讃岐《はいるちさぬき》での生活は実際には後生菩提《ごしょうぼだい》を願うものだったことを述べる。また、直島《なおしま》・坂出《さかいで》に残る崇徳院の遺跡のほとんどが江戸時代に「創出」されたもので、江戸時代には高松藩によって崇徳院の顕彰が行われ、明治改元の際に崇徳院の神霊を京都に還遷《かんせん》する必要があったことを述べる。

　日本には三大怨霊にとどまらず、数多くの怨霊が存在したことが知られているが、江戸時代以降は朝廷・幕府で議論されるようなことがなくなる一方、民衆の間では現在に至るまで怨霊の存在は恐れられている。日本の文化は霊魂の文化であり、死者に対するさまざまな儀礼が行われて、死者の世界が生者《しょうじゃ》の世界を大きく左右してきた。現代において非業の死を遂げた人々に対する慰霊の方法についても実例を紹介したい。

目次

第一章　霊魂とは何か

一、身体と霊魂

「霊」のもつ意味

神霊《しんれい》、英霊、精霊《しょうりょう》、祖霊、霊山、霊園、言霊《ことだま》、霊験《れいげん》、霊魂、怨霊《おんりょう》、御霊《ごりょう》、生霊《しょうりょう》、亡霊、幽霊、悪霊、霊感、霊夢、霊界、霊視、霊障《れいしょう》、地縛霊《じばくれい》、霊能力、霊柩車《れいきゅうしゃ》、心霊写真……。「霊」のつく単語は多い。それぞれの熟語が作られた時代はさまざまであり、霊の存在を見いだしている場所も山・木・泉・動物などさまざまであるが、これはすなわち、日本人があらゆるところに霊的存在を感じてきた証拠と言えるだろう。

白川静《しらかわしずか》の『字通《じつう》』によると、霊の旧字である「靈」は「霝《れい》」と「巫《ふ》」からなり、「霝」は祝禱《しゅくとう》の器である𠙵《さい》を列して、雨乞いを祈る意味で、巫はその巫祝《ふしゅく》をいうとある。農耕民にとって雨は非常に重要なものだったので、雨を降らす機能をもつものを霊としたと考えられている。そして、「霊」の意味としては、①みこ、あまごいするみこ。②たま、たましい。③くしび、すぐれる、よい。④かみ、くものかみ、あめつちのかみ、みいつ、あきらか。⑤

いのち、いきもの。⑥こころ、おもい。⑦さいわい、たすけ、いつくしみ、という意があることがあげられている。

霊魂はあるのかないのか。この問題は洋の東西を問わず、さらに原始・古代から現代に至るまで議論が重ねられてきた。その答えが宗教であり、宗教の数だけ霊魂観もあると言ってよいだろう。霊魂など非科学的存在を信じている人間は話にならないとして切り捨てるのは非常に乱暴な議論である。神の背後には神霊という霊魂があり、地球上のごく一部の人を除いて、みな少なからず神を崇《あが》めて生活を送っている。ゆえに、霊を否定することは神を否定することであり、ひいてはこれまでの人類の歩みを否定することにつながる。しかし、何から何まで神に依存するあり方も間違っているであろうし、自己の主体的生き方があっての神なのではないだろうか。

身体から抜け出す霊魂

生命体は肉体の中に霊魂がとどまっていることにより生きているとされていた。魂を入れる容器が「カラダ」で、そこに霊魂が入り込むことによって人間は人間として生命を維持しているのであって、魂が抜け出してしまった肉体は、「カラッポ」な「ヌケガラ」でしかない。

魂は気のようなものだと考えられていたことから、睡眠中や失神したときには鼻や口から抜け出すことがあった。『宇津保物語《うつほ》』「俊蔭《としかげ》」には、「口なくば、いづこよりか魂《たましひ》通《かよ》はむ」との記述があり、口を通じて魂が出入りしたことがうかがえる。さらに古くは耳・鼻・口・肛門《こうもん》・尿道といった体の穴、さらには関節部から魂が抜け出すと考えられていたが、文献史料が残される時代となってからは、ほとんどの場合、口から出入りするとみなされていた。

一方、中国では頭頂部の泉門《せんもん》という場所から魂が出入りするとも考えられていた。泉門は、生まれてしばらくは押すとへこむ柔らかい部分で、骨が菱形《ひしがた》に開いていて、出産時には重なり合って産道を通りやすくしている。大形徹《おおがたとおる》『魂のありか——中国古代の霊魂観』で詳しく述べられているが、頭の中すなわち脳の部分に霊魂が宿ると考えられていたため、中国では泉門から抜け出た魂がさらに髪の毛の中を通って体外へ抜け出すと考えられていたようで、そのため毛先を露出させずに髷《まげ》を結い、その上に頭巾や冠を着けて簪《かんざし》などで留めているのだとされている。逆に毛先を露出させた髪型は被髪《ひはつ》と呼ばれ、それは幽霊の髪型であったり巫《かんなぎ》や道術者など、霊魂と通じることのできる人々の髪型だったのである。『三国志演義《さんごくしえんぎ》』に見られる諸葛孔明《しょかつこうめい》も、普段は髪を結っているのに対し、道術を使うときは被髪となっている。

霊魂のかたち

それでは一体、霊魂はどんな形だと思われていたのだろうか。『和漢三才図会《わかんさんさいずえ》』巻五十八「火類」には「霊魂《ひとたま》火」の項があり、人魂《ひとだま》はオタマジャクシのような形をしていて、色は青白くてほのかに赤く、静かに空を飛び、落ちたところには小さくて黒い虫がたくさんいるという。霊魂が耳から出て日を経ずに亡くなってしまった人もあるが、人が亡くなるときに必

「ひとたま」（『和漢三才図会』）

ず人魂が飛ぶわけではないとしている。

また、多数の妖怪画を描いた鳥山石燕《とりやませきえん》（一七一二－八八）の『今昔画図続百鬼《こんじゃくがずぞくひゃっき》』「人魂」では、身体から離れていく霊魂を見たときには、着物の裾に結び目を作って招魂の法を行うべしと記した上で、部屋から飛び出していく人魂を描いている。その形は玉のようであり、魂《タマ》は玉《タマ》と通じていることを感じさせる。

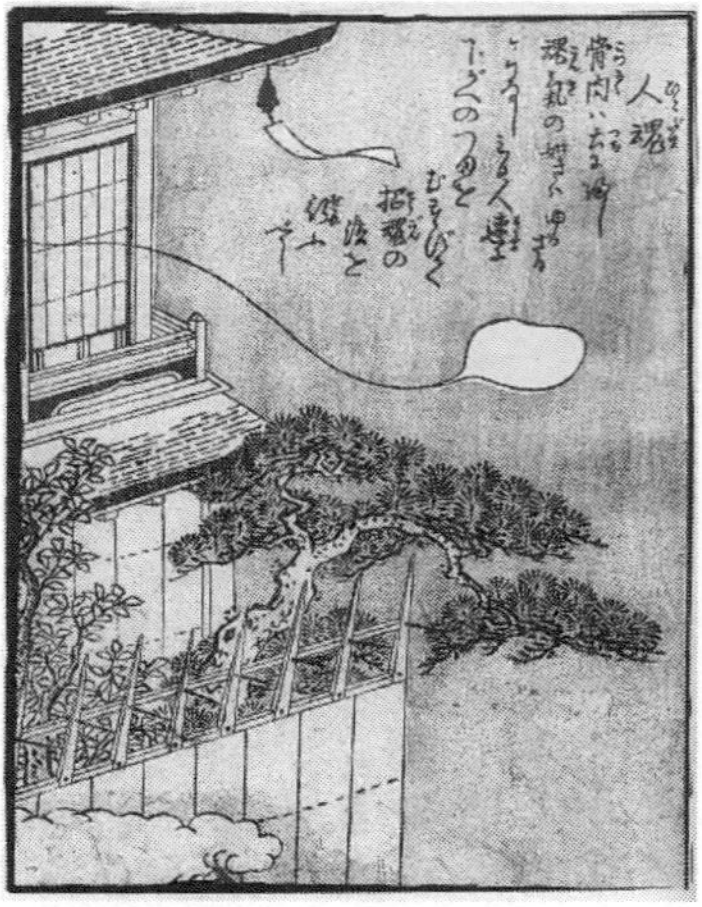
「**人魂**」（『今昔画図続百鬼』）

さらには、根岸鎮衛《ねぎしやすもり》（一七三七－一八一五）が十八世紀末から十九世紀初頭にかけて怪談奇談や世間話をまとめた『耳嚢《みみぶくろ》』巻六「人魂の事」では、人魂は飛んでいって落ちると、臭《くさ》い臭《にお》いがして、そこにアブが集まっていると書かれている。なぜこのような言説が説かれるようになったのかわからないが、血を吸うアブが魂に食いつくと考えられていたのだろうか。

恋と魂

こうした魂は、しばしば肉体から離れることがあった。そのひとつが恋をしたときである。相手を思う気持ちが強いと、魂が自分の身から抜け出してしまうと考えられていた。『萬葉《まんよう》集《しゅう》』巻十五の茅上娘子《ちがみのおとめ》の歌では以下のように詠《うた》っている。

魂《たましひ》は朝夕《あしたゆふへ》に賜《たま》ふれど我《あ》が胸痛し恋の繁《しげ》きに（三七六七）

魂が抜け出さないよう、じっと自分の体の中にとどめておこうとするけれども、あなたを思う気持ちが強いので魂が体の外へ出ようとして胸が痛いと詠っている。また、『伊勢《いせ》物語』百十段には次の記述がある。

秘かに通っている女のもとから、「昨晩の夢にあなたの姿を見ましたよ」と言ってきたのに対して、男は、

思ひあまり出《い》でにし魂《たま》のあるならむ夜《よ》ふかく見えば魂むすびせよ

すなわち、「あなたのことを思いつのるあまり、身を離れた私の魂だったのでしょう。夜遅く現れたら、あなたの着物の褄《つま》を結んで魂結《たまむす》びをしてとどめておいてください」との歌を詠《よ》んだ。夢は今では、自分の相手に対する思いが強いとそれが脳に刻まれて、夢の中に登場すると解釈されているが、当時は相手の思う気持ちが強いと自分の夢の中に出てくると思われていた。

また『後拾遺《ごしゅうい》和歌集』巻二十で、和泉式部《いずみしきぶ》は、自分の身体から抜け出ていく魂について詠んでいる。

男に忘れられて侍《はべ》りけるころ、貴船《きぶね》にまゐりて、みたらし河に
蛍《ほたる》のとび侍けるを見てよめる　　和泉式部
物思へば沢の蛍もわが身よりあくがれ出《いづ》るたまかとぞ見る（一一六二）

夫と疎遠になった和泉式部が、恋愛に効果があるとされる貴船《きぶね》神社に籠もったときの歌で、御手洗川《みたらしがわ》に飛んでいる蛍に対して、相手を思う気持ちが強くなってあまりに苦しいので自分の魂がふらふらと肉体から抜け出してしまったのではないかと詠んでいる。「あくがれ」と

貴船神社　和泉式部歌碑（京都市左京区）

は魂が遊離することを示しているが、こうしたことから、物思いが極まると、魂は身から離れていくと思われていたこともわかる。また、点滅する蛍の光に魂をなぞらえていることも注目される。

虫と魂

フワフワと浮遊する霊魂は、蛍や蝶《ちょう》にたとえられたりした。文芸評論家の小林秀雄は、母親を亡くした数日後、一匹の蛍を目にして、「おっかさんは、今は蛍になっている」と思ったと記している（『感想』）。また、子供のころの私の体験として、お盆にお墓参りに行った際に蝶が飛んでいたのを見て、母親が「死んだおじいちゃんが戻ってきたんだよ」

と言っていたことが思い出されるが、そうした考えは現代にも残っていると言えよう。以下において、史料の中に見られる虫と魂との関係について指摘しておきたい。

宝治《ほうじ》元年（一二四七）外様《とざま》御家人中最大の勢力を誇った三浦泰村《みうらやすむら》の一族が北条《ほうじょう》氏によって滅ぼされた宝治合戦の際に不思議なことが起きた。

正月十七日、鶴岡八幡宮《つるがおかはちまんぐう》若宮神前に螻蟈《ろうかく》（カエル）が数万群集し、正月二十九日には羽蟻《はあり》の大群が鎌倉中に充満し、翌三十日には越後《えちご》入道勝円《しょうえん》（北条時盛《ときもり》）の佐介亭《さすけてい》の後山に光り物が飛行、三月十一日には由比《ゆい》ヶ浜《はま》の潮の色が血のように赤くなり、十二日には長さ五丈（約一五メートル）にわたる流星が音を立てて北東から南西に向かって流れるというように怪異が頻発した。さらに十七日には黄蝶が群飛し、鎌倉中に満ちあふれた。これについて『吾《あ》妻鏡《ずまかがみ》』では、兵革の兆しであるとし、承平《じょうへい》年間（九三一―三八）には常陸《ひたち》・下野《しもつけ》で、天喜《てんぎ》年間（一〇五三―五八）には陸奥《みちのく》・出羽《でわ》で黄蝶の怪異が発生し、それぞれ平将門・安倍貞任《あべのさだとう》が闘戦に及んだので、今度も黄蝶が群飛したことは東国兵乱の予兆かとの古老の説を記している。

こうした中、六月五日には北条時頼《ときより》軍によって三浦氏に対する攻撃が開始され、三浦泰村は源頼朝の御影《みえい》の前で最期を遂げたいとの思いから頼朝法華堂《ほけどう》へ向かい、一族と与党五〇〇余人は自刃して果てた。その後、宝治二年（一二四八）九月七日、由比ヶ浜から鶴岡八幡宮ならびに頼朝法華堂に至るまで黄蝶が群れわたったとされる。さらに九月十九日にも、黄蝶が幅三段（約三メートル）ほどで三浦三崎《みさき》の方から名越《なごえ》のあたりにかけて出現した。黄蝶は三浦氏と関連する場所で発生しており、その霊魂をあらわしていると言えよう。その他鎌倉において何度か黄蝶が出現したことが確認できるが、蝶は人の霊魂のあらわれだと考えられており、それが群飛することは何かの兆しだと思われたのだった。

また、『和漢三才図会』巻六十八「越中《えっちゅう》」には、立山《たてやま》の地獄道に追分《おいわけ》地蔵堂があって、毎年七月十五日の夜に胡蝶《こちょう》がたくさん飛び出《い》で遊び舞うことがあり、それを生霊《しょうりょう》の市と呼んでいるという。七月十五日は盂蘭盆《うらぼん》であり、死者の霊魂が蝶となって現世に現れたと思われていたのである。

そして、『宇治拾遺物語《うじしゅういものがたり》』巻第十二巻一五〇「東人《あづまうど》、歌詠《よ》む事」には、

　今は昔、東人《あづまうど》の、歌いみじう好み詠みけるが、蛍を見て、

　　あなてりや虫のしや尻《しり》に火のつきて小人玉《こひとだま》とも見えわたるかな

　東人のやうに詠まんとて、まことは貫之が詠みたりけるとぞ。

とあることから、古代の人々は、ひらひらと飛び回り、青白くはかなく点滅する蛍の光に神秘性を覚え、それを魂の光と感じたのではないだろうか。

クシャミ

心が奪われると魂が身体から抜け出していくのと同様に、クシャミという生理的現象によっても魂が抜け出してしまうと考えられていた。クシャミは不意に催し、自らの意思で止めることも難しく、激しく鼻や口から息を吹き出すことが、魂を身体の外に出してしまうと考えられたのだろう。

喜多村信節《きたむらのぶよ》（一七八三―一八五六）の『嬉遊笑覧《きゆうしょうらん》』巻八には、京都での風習として、子供が誕生後一週間以内にクシャミをすると、御鼻結の絲《いと》といって、白紐《しろひも》を一結びすることがあったことを紹介している。これは、クシャミをすると霊魂が遊離していってしまうので、糸に結び目を作ることによってそれを防ごうとしたものと思われる。また、現在でもクシャミの回数により、「一にほめられ二に憎まれ三に惚《ほ》れられ四に風邪《かぜ》をひく」などと言われ、クシャミは何か意味を持っているとされていることからもわかるように、古い時代にあってはクシャミをするのには何か霊的背景があるのだとより一層考えられていた。

『萬葉集』巻十一の、

うち鼻《はな》ひ鼻をそひつる剣《つるぎ》大刀《たち》身に添ふ妹《いも》し思ひけらしも（二六三七）

という歌では、隣に添い寝している妻が私のことを想っているからクシャミをしたのであろうと推測している。古代から、相手が自分のことを想っているためにクシャミをするという考え方があったことがわかる。

また、『徒然草』第四十七段にはつぎのような話がある。ある人物が清水寺《きよみずでら》へ参詣したとき、道々「クサメ、クサメ」と言いながら行く年老いた尼と一緒になった。そこで「何をそんなにおっしゃるのですか」と尋ねたが答えなかったので、何度も尋ねた。すると、尼は腹を立てて、「クシャミをするときは、こうしてまじないをとなえなければ死んでしまうと言います。私の育てた君で比叡山《ひえいざん》の稚児でいらっしゃる方が、もしや今クシャミをされているのではないかと思うので、このようにしているのです」と答えた。吉田兼好《よしだけんこう》はこれに対し、殊勝な志であるとの意見を記している。

もともと「クシャミ」のことは「鼻ひる」と言っていたが、鎌倉時代以降京都から次第に「クサメ」と言われるようになり、室町時代以降に全国的に広まったとされている。なぜ「クサメ」と言うようになったのかという点については、平安時代後期の歌人藤原資隆《ふじわらのすけたか》が著した故実書『簾中抄《れんちゅうしょう》』に、「はなをひたるおりの誦《じゅ》　休息万命《くそくまんみやう》　急々如律令《きふきふによりつりやう》　くさめなといふハこれにや」とあり、クシャミをしたときに魂も外に出てしまうので、「休息万命」という呪文を唱えて防いだが、それが縮まって「クサメ」となったとしている。

「ハナヒル」ことを「クサメ」と言っていたことに対して「休息万命」という語をこじつけたのか、「休息万命」という呪文が先にあって、それが訛《なま》って「クサメ」というようになったのか確定されていないが、平安時代末期にはクシャミのときの呪文として「クサメ」と言っていたことは確かである。柳田国男《やなぎたくにお》は「クサメ」は「糞はめ」すなわち「くそくらえ」というののしる言葉で、それに「休息万命」をこじつけたのだとしている。そして、ののしることは、魂が身体から押し出されるときを狙う邪悪なモノを追い払うためだとしている。どちらにしても、「クシャミ」により魂が身体の外に出てしまうと考えられていたと言える。

人は魂が身体から離れていくことにより死を迎えると考えられていた。十一世紀半ばの『更級日記《さらしなにっき》』には、菅原孝標女《すがわらのたかすえのむすめ》が夫の死の前兆として人魂を見た様子を、「このあか月に、いみじく大きなる人魂のたちて、京ざまへなむ来ぬると語れど」と記している。また、十七世紀初頭に出版された『日葡辞書《にっぽじしょ》』にも、「Fitodama. ヒトダマ（人魂）ゼンチョ（*gentios* 異教徒）の考えるところによれば、誰かが間もなく死ぬにちがいないしるしとして、球のような形をして空中に現われる光り物」とされており、人魂は光る物体として人体を離れて飛んでいくとみなされていた。

そのため、遊離していく魂を呼び寄せて再び肉体に戻すことにより生き返ると信じられ、「魂呼《たまよばい》」が行われた。民俗事例としては、死者の家族が屋根の上に登って、死者の名前を大声で呼んだり、杓子《しゃくし》で手桶《ておけ》をたたきながら名前を呼ぶことがあったことが知られている。また、山・海・古井戸の底に向かって名前を呼ぶということもあった。井戸は他界へ通じる場所と考えられていたため、肉体から離れていってしまう魂を呼び止めようとしたのだろう。また、死者の枕元に供える枕飯《まくらめし》は、今では冥土《めいど》へ向かう死者のための食料だと解釈されているが、もともとは生死の境をさまよっている霊魂を、食物によって現世に引き戻そうとするものだったと考えられる。

古代の記録にも魂呼を見いだすことができる。藤原道長の娘嬉子《よしこ》は、万寿《まんじゅ》二年（一〇二五）八月三日に皇子親仁《ちかひと》（のちの後冷泉《ごれいぜい》天皇）を出産するが、わずか二日後の八月五日に赤《あか》斑瘡《もがさ》により十九歳で亡くなってしまい、道長の嘆き悲しむ様は尋常ならざるものがあった。そのため、六日の夜には風雨にもかかわらず、陰陽師《おんようじ》中原恒盛《なかはらのつねもり》と右衛門尉《うえもんのじょう》三善惟孝《みよしこれたか》を、太皇太后《たいこうたいごう》彰子《あきこ》の御座所であるからという批難にもかかわらず、嬉子の部屋であった寝殿の東対屋《ひがしのたいのや》の屋根に登らせて魂呼をさせたと、平安中期の貴族藤原実資《さねすけ》の日記『小右記《しょうゆうき》』万寿二年八月七日条に記されている。

なおこの魂呼は、「近代聞かざることなり」と記されていることから、平安中期にはすでに行われなくなっていた儀礼のようである。それにもかかわらず道長が行わせたということは、娘に何とかしてよみがえってほしいとの思いが強かったからだろう。このときの記事は『左経記《さけいき》』や『栄花物語《えいが》』巻第二十六「楚王《そおう》のゆめ」にも載せられているが、それらを総合すると、嬉子は物《もの》の怪《け》がとりついたため、僧たちが加持や読経《どきょう》をしたが、臨終を迎えたため、陰陽師は作法に則《のっと》って、嬉子の着ていた着物を持って東対屋に東側から登り、北方に向いて三度、嬉子の魂よ戻れと唱えた後、西北の角から降りている。

こうした死者の魂を呼び戻す魂呼は、日本においては古くから行われていたようである。

『日本書紀』仁徳《にんとく》天皇即位前紀には、菟道稚郎子《うじのわきいらつこ》が異母兄の大鷦鷯尊《おおさざきのみこと》（仁徳天皇）に皇位を譲るために自殺し、三日経た後に駆けつけた大鷦鷯尊が髪を解いて屍《しかばね》に跨《また》がり、「我が弟の皇子」と三度呼んで招魂の術を施したところ、菟道稚郎子が蘇生《そせい》して妹の八田皇女《やたのひめみこ》を献ずる旨の遺言を述べた後、再び亡くなったことが記されている。

招魂の儀礼

また、スコットランド出身の社会人類学者ジェームズ・フレイザーの主著『金枝篇《きんしへん》』によれば、招魂の儀礼は、世界のさまざまな民族に見られるという。中国の状況を見てみると、戦国時代に楚《そ》の国で謡《うた》われた詩を集めた『楚辞《そじ》』には、宋玉《そうぎょく》が作ったとされる「招魂」という詩が載せられており、退けられて命を失った屈原《くつげん》の肉体から去って、四方に行こうとしている魂を呼び戻すために、南方に行くな、西方に行くな、北方に行くな、東方にも行くな、魂よ帰り来《きた》れとの詩が詠まれている。

周《しゅう》以来の礼に関する書物を、前漢《ぜんかん》の宣《せん》帝ころの人である戴聖《たいせい》が編纂《へんさん》した『礼記《らいき》』にも招魂に関する記事がある。「檀弓《だんぐう》下第四」には、復《タマヨバヒ》＝招魂の礼は愛慕の情を尽くす方法であり、その中に蘇生を祈る心が込められているとする。魂を「幽」から戻そうと望むのは、鬼神に向かって蘇生を祈り求めることであり、招魂の儀礼を北面して行うのは、「幽」に求める、という意味をあらわしているのだと書かれている。

そして、「喪大記《そうだいき》第二十二」には、復《タマヨバヒ》を行う場合、東の軒から屋根に登り、中央の棟の上に立ち、北面して三度魂を呼び、衣を巻いて前に投げた後、復を行った者は西北の軒から降りるとしている。また、復に用いる衣は死体に着せることはなく、納棺の際にも用いず、婦人の復の場合は嫁入り衣装は用いないとされている。さらには、復を行うとき、男子の場合は本名を称え、女子の場合は字《あざな》を称え、人が死ぬと近親者がすぐに声をあげて泣き悲しむ「哀哭《あいこく》」を行い、そのあとすぐに復をしてから葬礼をするのだとしている。

こうしたあり方は嬉子の場合の招魂と非常に似ている。単純に結論づけることはできないが、古代中国で行われていた招魂の儀礼が、周辺諸国にも大きな影響を与えていたと推定できる。おそらくは『礼記』などに載せられている儀礼のあり方に則って古代日本において招魂が行われていたのだろう。また、中国国内においても地域や民族によってさまざまな招魂が行われていることが報告されている。『小右記』に記されているような、死者の服を手に持って屋根に登り、北の方を向いて、「ウォー、戻ってこい、戻ってこい」と叫ぶところもあるようである。

病気のとき

魂呼《たまよばい》は臨終のときだけでなく、病気のときにも行われた。『小右記』万寿四年（一〇二七）十一月三十日条には、陰陽師賀茂守道《かものもりみち》が道長のために招魂祭を行い、人魂が飛来したので禄《ろく》を給《たま》わったと記されている。身体から抜け出して飛んでいきそうな魂を再び道長の体に戻したということで褒美が与えられたのだった。しかし、こうしたことも甲斐《かい》なく、道長は同年十二月四日についに亡くなってしまった。

また、『吾妻鏡』文暦《ぶんりゃく》二年（一二三五）十二月十八日条にも、将軍藤原頼経《よりつね》が疱瘡《ほうそう》にかかったことにより、陰陽師安倍国継《あべのくにつぐ》が招魂祭を行ったという記事がある。これも道真のときと同様に、病気となった将軍の霊魂が身体から抜け出して亡くなってしまうことを防ぐために招魂祭が行われたと解釈できる。

そして、建暦《けんりゃく》三年（一二一三）八月十八日条には、将軍源実朝《さねとも》が夢か現《うつつ》か、一人の青女《せいじょ》が庭を走り回っているのを見つけたため、しきりに誰かと聞いても答えなかった。青女が門の外に出ると、にわかに光り物があり、松明《たいまつ》の光のようだった。そのため陰陽師安倍親職《ちかもと》を召して招魂祭を行わせたという記事がある。貞応《じょうおう》二年（一二二三）十二月三日の記事にも、奥州《おうしゅう》の御亭《ごてい》に光り物があったため、大倉薬師堂《おおくらやくしどう》で御祈りをしたほか、神馬《しんめ》が鶴岡八幡宮に奉《たてまつ》られるのと同時に、七座の招魂祭が行われたと記されている。これらの記事では、誰のものとわからない遊離魂が、悪影響を及ぼすかもしれないということで、陰陽師によって招魂祭が執《と》り行われたと解釈できる。

その他招魂祭の記事は種々の記録類に散見されるが、霊魂が浮遊していることは、非常に怖ろしいことだと恐れられたため、招魂の儀礼が行われたと言える。病気のときに招魂を行うことは、やはりさまざまな民族で見られることをフレイザーは紹介している。

浮遊する霊魂

肉体から離れた霊魂は、ときに空中を浮遊したが、これを目にすることは怖ろしいことだと思われていた。『萬葉集』巻十六「怕《おそ》ろしき物の歌」三首には次の歌がある。

人魂《ひとだま》のさ青なる君がただひとり逢《あ》へりし雨夜《あまよ》の葉非左し思《おも》ほゆ（三八八九）

歌の内容は、「人魂のような真っ青な君がひとりだけにゅうと現れた雨夜の葉非左が思われる」（小学館『新編日本古典文学全集』）というもので、「葉非左」とは何かよくわからないが、この歌は遊離魂に出会うことの不吉さをあらわしている。
また、藤原清輔《きよすけ》（一一〇四―七七）による平安後期の歌学書『袋草紙《ふくろそうし》』上巻には誦文歌《ずもんか》、すなわちまじない歌として以下の歌が掲載されている。「死人に遭ふ時の歌」は次のようである。

魂や難《かた》夜道われ行く大路《おおち》たら千《ち》たら万《ま》だらに黄金《こがね》散り散り

歩いているときに死者の魂に出会うことは不吉であり、自分の魂もとられてしまうかもしれないと恐れられていた。そのため、魂に対して、「たくさんの黄金が道に散らばっている」と嘘《うそ》をついて目をくらませ、そのすきに逃げようとしたのだろうか、この歌を人魂に唱えることで逃れられると思われていたようである。人は死んでからも魂は金に弱いようで、そんなことを聞いただけで逃れられるというのはいささか滑稽である。また、「人魂を見る歌」として次の歌が紹介されている。

玉は見つ主は誰とも知らねども結びとどめよ下がひの褄《つま》

この歌を三回唱え、男は左、女は右の褄を結んで三日経《た》ってから解《ほど》くようにとしている。人魂を見ることは不吉なことであり、自らの魂も遊離していってしまうことを恐れ、着物の前を合わせたときに内側になった方の端に玉の緒を結んでおけばよいとされている。

また、『耳囊《みみぶくろ》』巻五「遊魂をまのあたり見し事」には、死者の霊魂に会ったことが記されている。寛政《かんせい》七年（一七九五）暮れに流行した疱瘡により、中山氏に仕えてかわいがられていた子侍が亡くなり、篤《あつ》く弔われた。あるとき、中山と昵懇《じっこん》にしていた男が昌平橋《しょうへいばし》を通ったところ、子侍に会い、彼が死んだことも知らずに、主人はお変わりありませんかなどと尋ねて挨拶を交わして別れてから中山を訪ねたところ、亡くなってずいぶん日が経っているのを知って驚き、確かに本人だったことを語り、両人ともびっくりしたことが記されている。

このように、霊魂の存在は、前近代の日本人にとっては身近なところにあったと言えよう。

二、魂の行方

天上他界観

人が亡くなると霊魂はどうなると考えられていたのだろうか。霊魂の行き着く先としていくつかあげられるが、天上に昇っていくとする考え方があった。

『萬葉集』巻二の「日並皇子尊《ひなみしみこのみこと》殯宮《あらきのみや》の時、柿本朝臣人麻呂《かきのもとのあそみひとまろ》が作れる歌一首」（一六七）は、天武《てんむ》天皇と持統《じとう》天皇との間の子である草壁皇子《くさかべのおうじ》が持統天皇三年（六八九）四月に亡くなったときに人麻呂が詠んだ挽歌《ばんか》だが、その中で天皇が亡くなることを「天《あま》の原《はら》　石門《いはと》を開き　神上《かむあが》り　上《あが》りいましぬ」と表現している。天《あま》つ神の末裔《まつえい》である天皇の系譜を引く人たちは、神の御子《みこ》として天雲の八重《やえ》かき分けて地上に降臨し、亡くなれば再び天上に戻っていったのである。

「弓削皇子《ゆげのみこ》の薨《こう》ぜし時に、置始東人《おきそめのあづまと》が作る歌一首」（二〇四）にも、文武《もんむ》天皇元年（六九九）七月に亡くなった天武天皇の子である弓削皇子に対して、「やすみしし　我が大君《おほきみ》　高光る　日の皇子《みこ》　ひさかたの　天《あま》つ宮に　神《かむ》ながら　神《かみ》といませば」と詠んでおり、亡くなって天雲の上にある天つ宮に神として坐すと考えられていたことがわかる。
その反歌である、

大君は神にしませば天雲《あまくも》の五百重《いほへ》の下《した》に隠《かく》りたまひぬ（二〇五）

という歌からも、天皇の系譜を引く人たちは神であるので、亡くなれば天雲の奥にお隠れになるという思想があったことが明らかである。しかし、その他の人々は、亡くなったら霊魂が天上に昇っていくとは考えられていないようである。

『萬葉集』巻三、

土形娘子《ひぢかたのをとめ》を泊瀬《はつせ》の山に火葬《やきはぶ》りし時に、柿本朝臣人麻呂が作る歌一首

こもりくの泊瀬の山の山の際《ま》にいさよふ雲は妹《いも》にかもあらむ（四二八）

溺れ死にし出雲娘子《いづものをとめ》を吉野に火葬りし時に、柿本朝臣人麻呂が作る歌二首

山の際《ま》ゆ出雲の児《こ》らは霧なれや吉野の山の嶺《みね》にたなびく（四二九）

これらの歌では、火葬により山際に昇っていく煙に霊魂を見ている。霊魂は雲のようなもやもやしたものと思われていたことから、立ち昇って山にたなびく雲や霧を霊魂だとしているが、そこからさらに魂が天に昇っていくとは考えていないようである。『新古今和歌集』に載せる下記の歌でも同様である。

あはれ君いかなる野べの煙《けぶり》にてむなしき空の雲となりけん（八二一）

愛する夫が茶毘《だび》に付されて煙となって立ち昇っていき、さらには雲となってしまったのだなあと感慨に浸っているのだが、ここでも霊魂は雲となっているのであって、見えない天上に昇っていっているわけではない。雲に霊魂の姿を見ようとするのは、雲がさまざまな色やかたちに姿を変えることが不思議に思われたからではないだろうか。高貴な僧が亡くなると紫雲がたなびき、神や仏が雲に乗って現れる話が作られるのには、雲が現世と他界との間を漂うもやもやとした不思議なモノという認識があったからであろう。

しかし、こうした霊魂が煙となって空にたなびくとするのは、火葬であるからこそ考えるのであって、土葬が基本の庶民にはあまり関係がなかったとも言える。現代では、亡くなると人が天国に行くとか、星になるとかいったことが言われるが、こうした考え方はキリスト教的考え方が広がって以降の非常に新しいものである。日本においては生と死の間には絶対的な断絶があるとは考えなかった。そのため、生者は死者の世界に行って戻ってきたり、死者の霊魂が再び人間や動物の中に入り込んだりするという話がしばしば語られた。そして、霊魂も天上とか天国とかいった遠いところに行ってしまうとは考えずに、生者の近くに留まり、自分の子孫たちを見守っていると考えたのだった。

それでは次に、日本人の考え方として最も一般的だったと思われる、霊魂が山に行くという考え方について見てみたいと思う。

山中・山上他界観

死者の霊魂が山に赴くという考え方は「山中他界観」とか「山上他界観」と呼ばれている。『萬葉集』では亡くなってから霊魂が山にのぼっていく様子が歌われている。

大津皇子《おほつのみこ》の屍《かばね》を葛城《かづらき》の二上山《ふたがみやま》に移し葬《はぶ》る時に、大伯皇女《おほくのひめみこ》の哀傷して作らす歌二首

うつそみの人なる我《あれ》や明日よりは二上山を弟《いろせ》と我《あ》が見む（一六五）

これは、天武天皇の子大津皇子の亡骸《なきがら》が二上山に埋葬される際に姉の大伯皇女が詠んだ歌で、この世の人である私は、明日からは二上山を弟として眺めるのか、といった内容である。ここからは、死者の霊魂が山にのぼっていったと理解できよう。また、次のような歌もある。

河内王《かふちのおほきみ》を豊前国《とよくにのみちのくち》の鏡山《かがみやま》に葬《はぶ》りし時に、手持女王《たもちのおほきみ》の作る歌三首

大君の和魂《にきたま》あへや豊国《とよくに》の鏡の山を宮と定むる（四一七）

河内王とは、朱鳥《しゅちょう》元年（六八六）に新羅《しらぎ》客の金智祥《こんちしょう》の饗応《きょうおう》接待役として筑紫《つくし》に下り、持統三年（六八九）大宰帥《だざいのそち》となった人物である。歌の内容は、河内王の御心《みこころ》にかなったのか、豊国の鏡山を宮居（墓所）とお定めになったとは、という意である。さらに次の歌が記されている。

豊国の鏡の山の岩戸立て隠《かく》りにけらし待てど来まさず（四一八）

歌の内容は、豊国の鏡山の岩戸を閉めきり、隠れてしまわれたらしい、いくら待ってもおいでにならない、ということで、岩戸立てとは、横穴式古墳の羨道《えんどう》の入り口に岩の戸を立てて幽明の壁とすることで、山の中には現世と異なる幽明界が存在すると考えられていたのであった。

次の歌では、山中が葬地であり、そこに霊魂がとどまっていることを示している。

あしひきの荒山中《あらやまなか》に送り置きて帰らふ見れば心苦しも（一八〇六）

歌の内容は、荒れた山中に野辺送りをして遺骸を置いていった人が帰っていくのを見ると心苦しい、といったものである。

また、次の歌からは、山辺や山陰に火葬した骨を撒《ま》いて、その山が他界と考えられていたことがわかる。

玉梓《たまづさ》の妹《いも》は玉かもあしひきの清き山辺《やまへ》に撒けば散りぬる（一四一五）

清い山辺にお骨を撒いたら妻はまるで玉のように散らばってしまった。

玉梓の妹は花かもあしひきのこの山陰《やまかげ》に撒けば失《う》せぬる（一四一六）

この山陰にお骨を撒いたら妻はまるで花のように消えてしまった。このように、山に霊魂が赴くという考え方は広く見られる。

来迎図《らいごうず》からも、山が他界として考えられていたことがわかる。十二世紀初頭に成立した『拾遺往生伝《しゅういおうじょうでん》』巻下には、後冷泉天皇の皇太后宮藤原歓子《よしこ》（一〇二一―一一〇二）が日頃から供養していた丈六阿弥陀《あみだ》像の手につないだ五色の幡《はた》を引いて往生したところ、慶曜《けいよう》という法師が聖衆《しょうじゅう》来迎の夢を見たという記述がある。

今暁夢みらく、無数の聖衆、一の山の頂より雲に乗りて鳩のごとくに集まり、楽を作して雁のごとくに列《つらな》れり。夢の中に之《これ》を問ふに、傍らの人謂《い》ひて曰《いは》く、此《これ》は是《これ》小野皇太后宮御往生の儀なりといふ。

朝熊山山上に屹立する卒塔婆（三重県伊勢市朝熊町）

西方極楽浄土にいる阿弥陀如来《にょらい》の眷属《けんぞく》である菩薩《ぼさつ》が山を越えてくるというあり方は、他界が山にあるという日本人の観念と結合した結果である。もとは、阿弥陀浄土図であったものが阿弥陀来迎図へと変化し、さらに山越《やまごし》阿弥陀図へと変化していった。禅林寺《ぜんりんじ》所蔵山越阿弥陀図では、山の向こう側に海とともに阿弥陀如来が描かれ、観音・勢至《せいし》菩薩が手前に大きく描かれる。そして、阿弥陀如来の手には短い糸片が残っていることから、阿弥陀如来と往生者が糸でつながれたことがわかる。

庶民の墓も、多くは山すそや山中、さらには山上に作られたことも、山に霊魂が行くという観念を生み出すことになった。高野山《こうやさん》、伊勢朝熊《あさま》山上などには多くの墓が作られ、山に霊魂が帰っていくと考えられていた。

　こうした事例からもわかるように、日本においては「山中他界観」「山上他界観」という考え方が最も一般的であったのである。

海上他界観

海に囲まれた日本では、海岸近くに居住する人々を中心に、亡くなったら霊魂は海の彼方《かなた》に行くという「海上他界」という考え方も広く見られる。

『古事記《こじき》』上巻では、少名毘古那神《すくなびこなのかみ》は大国主《おおくにぬし》による国造りに際し、波の彼方より天乃羅摩船《あめのかがみのふね》に乗ってやってきて国造りに関わり、再び常世国《とこよのくに》へ渡っていったことが記される。

　また、神武天皇の兄である稲氷命《いなひのみこと》・御毛沼命《みけぬのみこと》に関して、『古事記』では、御毛沼命は波頭を伝って常世国へ渡り、稲氷命は亡き母（玉依毘売命《たまよりびめのみこと》）の国である海原に入ったことを記している。こうしたことから、海の彼方には生命力の源となる地があり、亡くなると再びその地に戻るという思想があったことがわかる。

『萬葉集』「水江《みづのえ》の浦島子《うらしまのこ》を詠む一首」（一七四〇、以下「浦島子の歌」と略称）には浦島伝説として知られる話が載せられている。浦島伝説では、浦島子が他界を訪れて女性と結婚するが、故郷が恋しくなって現世に戻る。しかし、現世ではすでに長い時間が経過していたというものである。同様の伝承は『日本書紀』や「丹後国風土記《たんごのくにふどき》」逸文《いつぶん》にも見えるが、「浦島子の歌」には、「かき結び　常世《とこよ》に至り　海神の　神の宮の　内の重《へ》の」とあり、常世を訪れたことになっているのに対し、『日本書紀』では、「蓬莱山《とこよのくに》に到《いた》りて、仙衆《ひじり》を歴《めぐ》り観《み》る」とあり、「丹後国風土記」逸文では、「天上の仙の家」「蓬山」「仙都」「神仙の堺」を訪れたとする。このことから、常世国は、不老不死の世界である神仙境と同一視されていたようである。こうしたあり方は、沖縄諸島で東方の海上にあるとされるニライカナイと通じる考え方である。日本各地の海岸に残る徐福《じょふく》伝説も、海の彼方に違う世界が存在するという観念に起因していると言えよう。

また、仏教でも海上他界観をもっており、それが日本にも定着した。平安時代末期に後白《ごしら》河《かわ》法皇によって集められた歌謡集『梁塵秘抄《りょうじんひしょう》』には次の歌が載せられている。

観音大悲《くわんおんだいひ》は　船《ふね》　筏《いかだ》
補陀落海《ふだらくかい》にぞうかべたる
善根《ぜんこん》求むる人しあらば

三重県大王崎からの光景。折口信夫はこの海の彼方に妣之国・常世があると感じた。

乗せて渡さむ極楽へ（三七）

補陀落《ふだらく》（Potalaka）とは観音菩薩の浄土のことを指しており、『華厳経《けごん》』巻六十八では、補陀落山をインドの南海岸にあると説く。玄奘三蔵《げんじょうさんぞう》は『大唐西域記《だいとうさいいき》』でマラヤ山の東にポータラカ（布呾洛迦）という山があり、ここが観音の霊場で、またセイロン島への海路に近いことを記している。現在この地はインド南端のコモリン岬に近いマラヤ山の東の丘に実在した観音の霊場であったと推定されている。

こうした考え方が日本にも伝来し、それまで日本にあった「常世《とこよ》」「根之国《ねのくに》」「妣之国《ははのくに》」の思想と結びついた。その最も代表的な例が、紀伊《きい》半島の熊野《くまの》沖にあるとされた補陀落を目指して船で渡る補陀落渡海である。『熊野年代記』によると、貞観《じょうがん》十年（八六八）以来、那智《なち》の海から補陀落を目指して船出する補陀落渡海が開始された。那智山《なちさん》は「補陀落山ノ東門」（『三国伝記《さんごくでんき》』）とされ、熊野の海上彼方を他界すなわち死者の霊の集まる世界とする常世信仰と仏教の観音信仰とが習合したのであった。

墓地

遺体自体に霊魂が宿るとする考え方もあったが、遺体が埋葬されたところに植えられた樹木に霊魂が憑依《ひょうい》するとする考え方もあった。神社ではとりわけ高く立派な常緑樹が「ご神木」として崇《あが》められ、神の降臨する場所とされているが、これと同様に、死者の霊魂も一定期間を過ぎると神化し、墓所の上に植えられた木に憑依すると考えられたようである。この場合、ご神木と同様に、常に神がその木に留まっているというよりも、一定の祭祀《さいし》を行うことにより神霊が木に降臨すると考えられていたようである。

『続日本紀《しょくにほんぎ》』慶雲《けいうん》三年（七〇六）三月丁巳《ひのとみ》（十四日）条には、代々の祖先の墓や人々の家の近くには樹木を植えて林とするようにという命令が下されたことが記されている。こうした

高野山奥の院（和歌山県伊都郡高野町）

命令が下されたのは、樹木に亡くなった人の霊魂が降臨するという考えがあったことによる。現代の墓の中には、遺骨がビルの中の納骨堂に納められているところもあり、墓地の高騰や維持といった点から仕方ない側面もあるが、日本人の伝統的考え方からすれば、そうしたところには霊魂は降臨しえないと言える。

『日本後紀《にほんこうき》』延暦《えんりゃく》十八年（七九九）三月十三日条には、菅野真道《すがののまみち》という人物が、河内国《かわちのくに》丹比郡《たじひのこおり》寺山というところにある自分たちの先祖の墓地に樵《きこり》が侵入してきて樹木を伐採してしまったため、先祖の「幽魂」が帰る場所をなくしてしまったことを嘆き、これを禁止するよう訴えている記事がある。ここからは、墓地に植えられた樹木には亡くなった人の霊魂が戻ってきて憑依すると考えられていたことがわかる。

また、古代の葬送のあり方について記した『葬喪記《そうそうき》』には、墓の作り方として、土を三メートルほど積み上げ、そこに松の木を一本植え、二年過ぎたらまた一本植え、三年過ぎたらさらに一本植える、すなわち塚に三本の松を植えるようにと書かれている。そして興味深いことには、木を植えることによって人の「気」が去って神となっていき、それによって墓の前に堂を建て、諡号《しごう》を賜ることができるようになるとしている。死者の霊魂は「神」になると認識されていたのである。ただ、『葬喪記』の場合は、堂を建てるとか諡号を賜るとか、一般民衆を対象とした著作ではなく、貴族を対象としていたと思われるが、祖先を神として祀るあり方は古代からあったと言えよう。

第二章　怨霊の誕生

一、国家による慰霊

「怨霊」と呼ばれるもの

個人の病気や死、さらには天変地異や疫病などが発生した場合、その原因を怨霊《おんりょう》に求めようとすることは、日本社会の基層に今でも脈々と流れている。相手側から弾圧されたりしたことにより、追い込まれて非業の死を遂げ、その後十分な供養がなされなかった霊魂は、死後に自己の宿願を叶《かな》えるために、自分を追い落とした人物に祟《たた》って出たり、さらには社会全体にも災害を発生させると考えられていた。それが「怨霊」と呼ばれる存在である。

天台座主《てんだいざす》慈円《じえん》によって十三世紀初頭にまとめられた『愚管抄《ぐかんしょう》』では、怨霊とは、現実世界において果たせなかった復讐《ふくしゅう》を、冥界《みょうかい》において果たすために登場する存在であって、相手を攻撃するだけでなく世の乱れをも引き起こす存在だと記している。

現代においては、怨霊の存在を真剣に信じる人はそれほど多くはないかもしれないが、古代・中世においては、天皇から庶民に至るまで、怨霊は実在するものとして恐れられていた。

公卿《くぎょう》たちは怨霊に対してどう対応したらよいか、神祇《じんぎ》官や陰陽寮《おんようりょう》による占いの結果などを踏まえて真剣に議論したのだった。それは、現代でいえば内閣の閣議において、怨霊対策をどのようにしたらよいか議論しているようなものである。それほど怨霊への対応は国家にとって重要な課題だった。

人が普通に亡くなっていった場合、その霊魂は山の上や海の彼方《かなた》、さらには墓地に安住するものと考えられていた。しかし、「異常死」の場合、霊魂はそうした地に安住することなく宙を浮遊し、ときにその霊魂は人にとりついて病気を起こしたり、呪い殺したり、飢饉《ききん》や水害などの天災を起こしたりすると思われていた。

長屋王の変以後

怨霊がいつから存在するのか、文献から明らかにするのは難しいが、おそらく人が記録を残す以前からこうした考え方はあったのではないだろうか。養老《ようろう》四年（七二〇）の大隅《おおすみ》・日向《ひゅうが》両国の隼人《はやと》の乱において亡くなった隼人の慰霊のために始められたとする宇佐《うさ》神宮放生会《ほうじょうえ》でも、荒ぶるかもしれない霊の鎮魂が意識され、宇佐神宮周辺には凶首塚《きょうしゅづか》・百体《ひゃくたい》神社・化粧井戸といった隼人関連の史跡が残されている。そしてそれ以前においても、非業の

百体の隼人の首を祀るとされる百体神社（大分県宇佐市）

死を遂げた人物の霊魂は「祟《たた》り」として認識されていた。文献が存在しないころに遡《さかのぼ》ってみると、埋葬のあり方から霊魂に対する畏怖の念がうかがわれ、「怨霊的」な考え方が存在したことをうかがわせる。そして、それが国家と関わるかたちで明確に登場するのは奈良時代の長屋王《ながやおう》（六八四―七二九）のときである。

『日本霊異記《にほんりょういき》』中巻「己が高徳を恃《たの》み、賤《せん》形《ぎやう》の沙弥《しやみ》を刑《う》ちて、もって現に悪死《あくし》を得し縁第一」では、土佐国《とさのくに》に流された長屋王の骨の祟りにより、現地では多くの人が亡くなったため、骨を紀伊国《きいのくに》海部《あま》郡椒抄《はじかみ》の奥の島に移したことを記している。長屋王は天武《てんむ》天皇の皇子の高市皇子《たけちのみこ》を父に、天智《てんじ》天皇の皇女の御《み》名部《なべ》内親王を母にもち、皇親として正二位左大臣にまで昇ったが、藤原武智麻呂《ふじわらのむちまろ》・房前《ふささき》・宇合《うまかい》・麻呂《まろ》の四兄弟と対立し、「密《ひそ》かに左道《さとう》（邪道）を学んで国家を傾けんとしている」との密告があり、それを受けて藤原宇合らの率いる六衛府の軍勢に取り囲まれ、長屋王は自邸で自害したのであった。

神亀《じんき》六年（七二九）に長屋王が亡くなったことにより、藤原四兄弟は妹で聖武《しょうむ》天皇の夫人であった光明子《こうみょうし》を皇后に立てて政権を樹立したが、天平《てんぴょう》九年（七三七）天然痘《てんねんとう》により四人が相次いで亡くなってしまった。そのため長屋王の祟りが噂《うわさ》され、長屋王の子女への位階昇叙や光明皇后による「五月一日経」書写が行われて、長屋王の霊が安らかに鎮まることが希求された。

恒久的な都が造られ、人々が集住するようになると、疫病がはやりやすくなり、人の噂もすぐ広がるようになった。また、貴族たちは足の引っ張り合いをして他者の排斥と自らの昇進に腐心し、恨みをもちながら亡くなっていく者も増えていった。そうしたときに死後に恨みを晴らそうとする「怨霊」が意識されるようになったのである。

仏教による慰霊

「怨霊」という言葉自体は漢訳経典には見られず、中国仏教にはない言葉だったが、奈良時代後期に非業な死を遂げた人物の祟りが相次ぐ中、九世紀初頭に仏教者によって作り出された言葉であろう。「エンレイ」と読まずに「オンリョウ」と読む呼び方にもそれを感じさせる。怨霊の鎮撫《ちんぶ》は仏教主導で行われたが、それは、仏教には死後の世界の体系があり、成仏できずにさまよう霊魂を得道《とくどう》させる方策を有していたからである。儒教的対応や神社での祈《き》禱《とう》は、対症療法的対応であり、病や災異といった現象を終息に向かわせることは可能かもしれないが、その原因が怨霊にあるときには根本的な解決にはならなかった。怨霊への対処の基本となるのは、怨霊となった人物の墓所での儀礼であり、墓所には霊魂がとどまっていると考えられていたため、その霊に対して、名誉回復や奉幣《ほうへい》、墓の整備を行うなどして怒りを鎮める方法や、仏教的手法により怒りをなだめて成仏させる方法により怨霊が鎮められた。その際には、怨霊に対峙《たいじ》して強圧的にねじ伏せるというのではなく、あくまで丁寧に慰撫《いぶ》して怒りをなだめることによって怨霊を安んじるという手法がとられたのである。

それでは、仏教による慰霊とはいかになされたのだろうか。災異の原因がまだ特定されていない段階において、儒教的対応や神社における神祇《じんぎ》的対応とともに、誦経《ずきょう》や写経などの仏教的対応も行われるが、その原因が怨霊であると特定されると、慰霊に関与するのはもっぱら仏教である。そして、その仏教においても、奈良時代を通じて怨霊への対処については大きな変化があった。

「怨霊」鎮撫に大きな役割を果たしたのは、法相宗《ほっそう》の僧玄昉《げんぼう》（?―七四六）である。玄昉は霊亀《れいき》二年（七一六）学問僧として入唐《にっとう》し、天平七年（七三五）帰朝した際には、五千余巻の経論ともろもろの仏像をもたらしたとされる。中野玄三《げんぞう》によれば、玄昉が帰国したころから急速に変化観音《へんげかんのん》が製作されるようになり、官寺仏教側と並行して、山林における変化観音が出現したとする。これらは災害の因をなす怨霊の鎮圧を願って造立《ぞうりゅう》されたものであり、とりわけ後者の場合には政敵を厭魅呪詛《えんみじゅそ》することもあったと考えられている。

変化観音の一例としては、奈良市中町の霊山寺《りょうせんじ》十一面観音像があげられる。この十一面観音は他の一般的な観音像とは異なり、頭部が不釣り合いに大きく異様な形相をし、胴は圧縮され、両腕が細く奇怪な姿である。この像は怨霊を鎮圧しうるだけの恐るべき威力をあらわしていると同時に、怨敵を祈り殺す呪詛の像としての性格をも付与された変化観音であると評価されている。

玄昉が帰国した天平七年以降には、観音経典に限らず密部諸経典の大量初写と、それにあわせて観音造像が盛んに行われて、その大半は密部の変化観音によって占められていた。そして、密教的観音信仰が急激に発達し、それは個人的招福除災にとどまらず国家仏教の中に確固たる位置を占めたとされる。

一例を挙げると、玄昉によって将来された『十一面観世音神呪経』は北周《ほくしゅう》の耶舎崛多《やしゃくった》訳の雑密《ぞうみつ》経典で、十一面観世音菩薩の神呪《しんじゅ》の功徳を説いている。この経を読誦《どくじゅ》することにより、一切の衆生《しゅじょう》の憂いや悩みをなくし、病を除き、一切の障難・災怪・悪夢を除き、一切の横病死を除き、一切の諸悪の心をやわらげ、一切の諸魔・鬼神の障難を起きないようにすることができるとされる。また、観音像の前でこの経を千八回誦呪《じゅじゅ》して温かい水で観音像を洗浴したなら、一切の障難、一切の悪夢、一切の疫病をみな除くことができ、もし他方の怨賊《おんぞく》が襲ってきそうになったら、種々香華して供養を行い、経を千八回誦呪して大豆の大きさの烟《えん》脂《し》を像の左の廂《ひさし》の瞋面《しんめん》に塗れば、怨敵は前進することができない、などと述べている。

すなわち、呪術的方策により疫病や災異を鎮め、怨敵を遠ざける効能を説いており、この経典に基づき造仏も行われた。こうしたことからわかるように、玄昉のときには呪術的手法によって「怨霊」を鎮めようとしていたのである。

それを大きく展開させたのが興福寺《こうふくじ》の学僧で秋篠寺《あきしのでら》の開山である善珠《ぜんしゅ》（七二三―九七）で

ある。善珠は玄昉から続く呪術的な手法とともに、後に述べるような最澄《さいちょう》・空海《くうかい》に続く「怨霊」の連鎖」を「怨霊」に説くことも行っていることから、怨霊鎮撫の過渡期にあった僧と評価することができる。善珠が関わったのは早良《さわら》親王（七五〇？－八五）の怨霊である。

早良親王と善珠

早良親王は天平宝字《てんぴょうほうじ》五年（七六一）、十一歳のときに東大寺《とうだいじ》等定《とうじょう》僧都《そうず》を師として出家し、神護景雲《じんごけいうん》二年（七六八）大安寺《だいあんじ》東院に移住し、父の白壁王《しらかべおう》が即位（光仁《こうにん》天皇）すると、「親王《しんのう》禅師《ぜんじ》」と呼ばれ、東大寺造営や寺務に携わった。そして、天応《てんおう》元年（七八一）兄の山部《やまべ》親王が即位（桓武《かんむ》天皇）すると還俗《げんぞく》して皇太弟に立てられた。しかし、延暦《えんりゃく》四年（七八五）九月二十二日に起こった藤原種継《たねつぐ》暗殺事件に関与したとして廃太子とされ、乙訓寺《おとくにでら》に幽閉された。そして、朝廷から飲食《おんじき》を停止されるものの十余日耐え、淡路《あわじ》へ船で移送される途中、十月十七日に高瀬橋頭（淀《よど》川）で亡くなったとされる。そして亡骸《なきがら》はそのまま淡路に運ばれて埋葬された。

『日本紀略《にほんきりゃく》』延暦十一年六月庚子《かのえね》（十七日）条では、延暦九年の段階で早良親王の祟りが意識されていたことが記されている。このときには、桓武天皇の勅《みことのり》により、淡路国に命じて早良親王の守冢《しゅちょう》（墓守）を一烟《いちえん》（一戸《こ》）置き、郡司《ぐんじ》に守衛を専当させたが、管理をしっかり行わなかったために祟りが起こったので、これより後は冢のまわりにからぼりを掘り、ケガレが伝染しないようにした。陵墓は神社と同様、清浄であることが旨とされるため、不浄な状態に曝《さら》されると祟りをなしたのである。その後も早良親王の祟りが原因だと思われる現象が相次ぎ、桓武天皇の皇太子安殿《あて》親王をはじめとした桓武天皇周辺の人物の病気や死、災害の原因が早良親王の怨霊とされていったのである。

そして、『日本後紀《にほんこうき》』延暦二十四年（八〇五）四月甲辰《きのえたつ》（五日）条では、早良親王の霊魂の慰撫をするために、諸国に小倉を建てて正税《しょうぜい》四十束を納めさせ、あわせて国忌《こっき》と奉幣の例に加えることが命じられ、これは「怨霊」に謝するためであったということが記されており、「怨霊」という語が史料上登場する初見である。

『扶桑略記《ふそうりゃっき》』延暦十六年（七九七）正月十六日条では興福寺僧善珠の事蹟《じせき》について記している。それによれば、延暦四年（七八五）十月、早良親王が廃太子とされてしまうときに、諸寺に使いを遣わし、後生のために読経してくれるよう頼んだが、みな拒否されてしまい、菅《すが》原寺《わらでら》にいた善珠だけが親王の運命を悲しんで礼仏を行い、前世の残業《ざんごう》のために今こうした状況になってしまったが、ここで仇《あだ》を絶ち、怨《おん》を結んではならないと使者に告げた。使者がこのことについて報告すると、早良は聞いて歓《よろこ》び、侮辱・迫害を受けても忍受して恨まないようにし、処罰されることを恐れないことを述べたという。そしてその後、早良の亡霊がしばしば安殿親王を悩ませたとき、善珠が以前早良に説いたことを思い出させ、悩乱の苦しみから脱せさせようとして般若《はんにゃ》経を転読して無《む》相《そう》の理《ことわり》を説くと、祟りは鎮まり、安殿の病気は治ったという。つまり、善珠は早良の怨霊を調伏《ちょうぶく》したのではなく、仏法を説いて聞かせることによって鎮めたのである。「怨をもって怨に報い」るのでは怨の連鎖がとどまることがないため、そこからの解脱を説くことによって怨霊をなだめたのであった。

善珠墓（奈良市秋篠町）

　怨霊が発生した場合、どのような経典が読まれていたのか六国史《りっこくし》を見てみると、大般若《だいはんにゃ》経・金剛般若《こんごうはんにゃ》経・法華《ほけ》経・般若心《はんにゃしん》経・金光明最勝《きんこうみょうさいしょう》王《おう》経・仁王《におう》経・薬師《やくし》経の読誦が行われたことが確認できる。その中でも最も多いのは大般若経の読誦である。大般若経は「災異を除くため」、

「災害を消除し国家を安寧にせんがため」、また「禍《わざわい》を滅し福を致さんがため」に読まれ、「般若の力、不可思議」といわれたその呪術力が、祟りや物《もの》の怪《け》に対して法験《ほうげん》を発揮したとされる。般若経は多分に呪術的側面を持っているので、怨霊鎮撫に有効だと考えられたのだろう。善珠も般若経を転読して無相の理を説いたことにより、早良の怨霊は鎮まったとされる。

最澄・空海による慰霊

さらに、最澄の高弟光定《こうじょう》による『伝述一心戒文《でんじゅついっしんかいぶん》』巻上「承先師命建大乗寺文」中にも「怨霊」に関する記述がある。弘仁《こうにん》九年（八一八）四月二十六日、最澄は比叡山《ひえいざん》に九院を作り、そこで護国三部経の長講を行った。そこで捧《ささ》げられた願文では、一切の天神地祇《てんじんちぎ》と恨怨《こんおん》を起こす神祇等が苦を離れて楽を得るために金光明経の長講を、一切の鬼神のために仁王般若経の長講を、日本国開闢《かいびゃく》以来の一切の国主、御霊、延暦以前の一切の皇霊、平穏に亡くなった王の霊および怨を抱いて亡くなった王の霊、臣下の霊、僧侶たちの霊、賢霊、聖霊および六道四生《ろくどうししょう》において苦しんでいる一切の龍・鬼等の霊が、永遠に三界《さんがい》を出て成仏するよう法華経の長講を行うことが述べられている。

貞観御霊会の行われた神泉苑（京都市中京区）

法華経・金光明最勝王経・仁王般若経といった護国経は、天下に災異を振りまく怨霊にも有効と考えられていたようで、それらの講説を行うことにより、怨霊は欲界《よくかい》・色界《しきかい》・無《む》色界《しきかい》の輪廻《りんね》転生《てんしょう》する三界から解脱して成仏することができたのである。

また、空海も嵯峨《さが》天皇のために行った祈禱において、貞観《じょうがん》の御霊会《ごりょうえ》のときにも登場する伊予《いよ》親王とその母藤原吉子《よしこ》の追善法会を行った際の願文には、憂える霊魂の苦しみを抜《ばっ》済《さい》して安住の地に落ち着かせんとする旨が記されており、やはり、仏教の力によって怨霊をなだめようとするものであった。

怨霊に対しては、奈良時代はじめは雑密《ぞうみつ》のもつ呪術的力によって調伏するというあり方だったが、善珠、最澄・空海を経て、三界をさまよい苦しんでいる「怨霊」に対して説いて聞かせ、成仏することを願うという形式が確立したのである。仏教は死後の世界の体系をもっており、さまざまな経典によって諸霊に対応することができたことから、「怨霊」を創出し、それの鎮撫も行うことができたのである。ただしこれは国家が主導して行う儀礼に関してであり、民衆によって主導された鎮魂の場合はその限りではない。

二、民衆における慰霊

『今昔物語集』巻第二十七

民衆の怨霊に対する考え方は『今昔物語集《こんじゃくものがたりしゅう》』巻第二十七から如実に知ることができる。以下、ここからいくつか話を紹介したい。第三「桃園《ももぞの》の柱の穴より指し出《い》づる児《ちご》の手人を招くの語《こと》」では、桃園というところに源高明《たかあきら》が住んでおり、その寝殿の辰巳《たつみ》（南東）の母屋の柱に木の節の穴が開いていて、夜になるとその木の節の穴から小さい児が手を差し出して人を招くことがあった。高明はそれを怪しく思い、穴の上に経を結びつけておいたが、効果がなかった。次に仏を懸けておいたがそれでも止まらなかった。そこで征箭《そや》を一筋その穴に入れたところ、不思議な現象は止《や》んだので、その後箭柄《やがら》を抜いて征箭の幹の部分だけを穴に深く打ち入れたところ、それから後は手が招くことはなくなった。

これに対して評語では、「此《こ》レヲ思フニ、心不得《こころえ》ヌ事也。定メテ者ノ霊《りやう》ナドノ為《す》ル事ニコソハ有《あり》ケメ。其《そ》レニ、征箭《そや》ノ験《しるし》、当《まさ》ニ仏経《ほとけきやう》ニ増《まさ》リ奉《たてまつり》テ恐《おぢ》ムヤハ」と述べている。すなわち、霊の出現に対して経や仏像の力では鎮めることができず、武の力によって初めて鎮めることができたことを示している。

しかし、武の力を誇示して霊に対して強引にふるまうことは、逆に霊から手痛いしっぺ返しを食うことになる。第四「冷泉院の東洞院の僧都殿《そうづどの》の霊《りやう》の語」には以下のような話が載せられている。冷泉院《れいぜいいん》の南、東洞院《ひがしのとういん》の東の角に僧都殿と呼ばれる悪所があり、そこには人が住みつかなかった。その北に左大弁宰相源扶義《すけのり》という人の家があり、その舅《しゅうと》に讃岐守《さぬきのかみ》源是《これ》輔《すけ》という人がいた。僧都殿の戌亥《いぬい》（北西）の角に大きな榎《えのき》の木があり、たそがれ時になると寝殿の前から赤い単衣《ひとえぎぬ》が榎の木の方に飛んでいって木の梢《こずえ》に登るのを見て、人は恐れて近寄らなかったが、讃岐守の家に宿直《とのい》している兵《つわもの》の男が、「あの単衣を射落としてやろう」と言ったところ、これを聞いていた者たちが「射られるはずがない」とけしかけたので、男は必ず射てやるということで、夕暮れ方に僧都殿に行き、東の方の竹が少し生えている中から赤い単衣が飛んでいくのを射たところ、単衣は榎の木の梢に登ったが、箭《や》が当たったところの土には血が多くこぼれていた。男は讃岐守の家に帰って言い争った者たちに会ってこのことを語ると、その者たちはたいそう恐れた。しかし、箭を射た兵はその夜寝たまま死んでしまった。これに対し、言い争った者たちは、「無意味なことをして死んでしまった者だ」と言い謗《そし》った。

この説話では、武の力で強引に霊をねじ伏せようとしたが、逆に霊によって命を取られることになったことを述べることによって、必ずしも武の力で霊を鎮めることができるわけではないことを示している。

さらには、第三十「幼き児護《ちごまも》らむが為《ため》に枕上《まくらがみ》に蒔《ま》く米に血付く語《こと》」にも家に住みついている霊について記されている。ある人が方違《かたたがえ》のために幼い児をつれて下京《しもぎょう》のある場所へ行ったところ、その家にもとから霊のあるのを知らないでみな寝てしまった。夜中に乳母《うば》が目を覚まして児に乳を含ませていたところ、塗籠《ぬりごめ》の戸が少し開いてそこから長五寸ほどの束帯姿の五位たちが、馬に乗って十人ほど枕元を通ったのを、乳母は怖ろしく思いながらも邪を祓《はら》うために白米をつかんで投げたところ、それらは散り散りばらばらになった。夜が明けて枕元を見てみると、投げた米ごとに血がついていたという。

ここでは辟邪《へきじゃ》の力があるとされた白米を投げることによって霊を鎮めようとしている。このようにして、巻第二十七に収載される「怨霊」に関する説話は、仏教以外の力で鎮めようとし、それが功を奏することもあれば、必ずしも鎮めることをなしえないなど、さまざまな「怨霊」の姿を提示していると言えよう。また、ここで示されている「怨霊」は、生前と同様の姿をとっていて、空中を飛ぶこともできるが、血も流す存在であった。

地縛霊

第一「三条東洞院の鬼殿《おにどの》の霊の語《こと》」には、いわゆる「地縛霊《じばくれい》」の記事がある。京都の三《さん》条大路《じょうおおじ》の北、東洞院大路の東の角に「鬼殿」というところがあり、ここに霊が住みついているとされている。この場所には平安京遷都以前に大きな松があり、ある男が通り過ぎようとしたところ、にわかに雷鳴がとどろき大雨が降ってきたので、その男は馬から下りて松の木のもとにいたところ、雷が落ちて男も馬も死んでしまった。その後男は「霊」となり、そこに家が建っても男の霊はずっとそこに住み続けていると伝えられ、そこではたびたび不吉なことがあったとされている。

第二「川原院《かはらゐん》の融《とほる》の左大臣の霊を宇陀院《うたのゐん》見給ふこと」でも、「地縛霊」が見られる。源融《とおる》が住んでいた河原院は、彼が亡くなった後、子孫によって宇多院《うだいん》に譲られたが、夜になると西の対《たい》の塗籠を開けて束帯姿で大刀を佩《は》き笏《しゃく》を取ったかしこまった姿で融が現れた。そして、自分はここに住んでいるのに、院がいらっしゃると狭い旨を訴えた。すると院が、「私は強引に家を奪い取ったのではなく融の子孫から譲られたのであるから、たとえ霊であってもどうして道理がわからないのか」と高らかに述べると、霊は掻《か》き消すように消えてしまい、二度と現れることはなかったという話である。

「地縛霊」という言葉は非常に新しい言葉だが、そうした現象については、非常に古くから存在していたのであった。現代でも、交通事故などで亡くなった人の慰霊のため、事故のあった場所に慰霊碑が建てられるが、それはもとをたどれば、霊が亡くなった場所にとどまるという考え方があったからと言えよう。

生霊

人が亡くなった後で生前の恨みを晴らそうと、自分を追いやった人物に祟って出るのが怨霊だが、生きているうちにも相手を憎む気持ちが強いため、魂が抜け出して相手を苦しめる場合があり、それは生霊《いきりょう》と呼ばれた。

第二十「近江《あふみ》の国の生霊《いきすだま》京に来て人を殺す語」では、夜中に京都の大路に女が立っていて、民部大夫《みんぶのたいふ》某の家に行こうとしていたところ、迷ってしまったので、通りかかった男に連れて行ってほしいと言った。男が連れて行くと、門が閉まっているのに女は掻き消すように消えてしまったので、不審に思って夜明けまで待ってその家の人に聞いてみると、近江国に住んでいる女房の生霊がとりついて某は死んでしまっていた。その後、男は近江にある女の家を訪れると、「その夜の喜びは未来永劫《えいごう》忘れない」と、自分が生霊となって某を死に至らせたことをよく覚えていたのだった。このことに対して著者は、「生霊とは霊魂が乗り移って何かをなすことかと思っていたけれども、生霊となっている当人もはっきり自覚していることだったのだ」と驚いている。この女は民部大夫の妻になったのだが、離縁されたので恨みに思って生霊となって殺したのだった。著者は「女ノ心ハ怖シキ者也」と締めくくっている。

また、『古事談《こじだん》』巻第二「朝成《あさひら》望大納言為生霊事」には、次のような話がある。一条伊尹《いちじょうこれただ》と朝成《あさひら》が官職をめぐって争っていたとき、朝成は伊尹に裏切られたことにより職に就《つ》けず、大変怒った。そのため伊尹が病気となって亡くなったことを、朝成の生霊のためであろうと記している。そして、『枕草子』第百四十七段の「名おそろしきもの」の中には「生霊《いきすだま》」が挙げられている。

生霊に関しては、『源氏物語』の六条御息所《ろくじょうのみやすどころ》の例をはじめとして、『江談抄《こうだんしょう》』では藤原佐《すけ》理《まさ》や醍醐《だいご》天皇の皇子である兼明《かねあきら》親王の生霊について述べられているなど、たいそう怖ろしい存在として認識されていた。

第三章　善神へ転化した菅原道真

一、才能豊かな道真

菅原氏

菅原道真《すがわらのみちざね》（八四五－九〇三）は、現在は学問の神として知られているが、怨霊《おんりょう》であったことは意外と知られていないようである。授業アンケートで学生に聞いたところ、ほとんどの学生は怨霊としての道真を知らなかった。それは、道真を祀る北野天満宮《きたのてんまんぐう》や太宰府天満宮《だざいふてんまんぐう》が大社として現在に至るまで多くの人々が参拝し、学生服の名称（「カンコー」）などにもなって、日常生活のレベルにおいても道真が「学問の神」として崇《あが》められていることが大きく関係しているのであろう。その姿からは、かつて怨霊であったことを想像させる要素はない。

それでは、まず菅原道真とはどのような人物だったのか確認しておく。

菅原氏は土師《はじ》氏を祖とし、天応《てんおう》元年（七八一）六月二十五日に、土師宿禰《すくね》古人《ふるひと》、同道長《みちなが》ら十五人が、居地の名である大和国添下郡《やまとのくにそうのしも》菅原郷（奈良市菅原町）にちなんで改姓を上表して許されて以来、菅原を称するようになった。

菅原氏発祥の地に鎮座する菅原天満宮（奈良市菅原町）

古人は桓武《かんむ》天皇の侍読《じどく》となったことにより、四人の男子に学業をつとめさせるための衣糧が支給されたが、その中で道真の祖父にあたる清公《きよとも》（七七〇－八四二）は、学業優秀で「儒門《じゅもん》の領袖《りょうしゅう》」と称され、延暦《えんりゃく》二十三年（八〇四）には遣唐副使として唐にわたった。そして帰国後は大学頭《だいがくのかみ》、文章博士《もんじょうはかせ》、式部大輔《しきぶたいふ》などを歴任した。諸宮殿や門の名称を唐風にしたり、朝廷の儀式や衣服も唐風に改めることを建議したほか、『令義解《りょうのぎげ》』や勅撰《ちょくせん》漢詩集『凌雲集《りょううんしゅう》』『文華秀麗集《ぶんかしゅうれいしゅう》』の編纂《へんさん》に関わった。

清公の四男で道真の父である是善《これよし》（八一二－八〇）は、文章博士、東宮学士、大学頭、式部大輔、参議を歴任し、文徳《もんとく》・清和《せいわ》天皇の侍講《じこう》をつとめ、『日本文徳天皇実録《にほんもんとくてんのうじつろく》』『貞観《じょうがん》格式《きゃくしき》』の編纂に加わった。また、三男の善主《よしぬし》は文章生《もんじょうしょう》となり、遣唐副使として唐にわたるなどの活躍をした。このように、菅原氏は古人以降、紀伝道《きでんどう》の教官である文章博士を歴任し、大学寮《だいがくりょう》の文章院西曹《もんじょういんせいそう》を管理しており、東曹《とうそう》を管理する大江《おおえ》氏と並んで文人貴族として朝廷に仕えたのであった。

活躍と左遷

道真は承和《じょうわ》十二年（八四五）六月二十五日、是善の三男として伴《とも》氏との間に生まれ、幼い頃から父やその門人の島田忠臣《ただおみ》から詩文の薫陶《くんとう》を受けて才能を開花させた。幼名を阿古《あこ》といい、貞観《じょうがん》元年（八五九）元服して道真を名乗った。そして、文章生から文章得業生《もんじょうとくごうしょう》となり、元慶《がんぎょう》元年（八七七）には文章博士となった。また、同四年八月に父を失ってからは、菅原氏の門人を育成するために邸宅内にあった菅家廊下の運営を行ったほか、上表文や願文の執筆も数多くこなしている。さらには、『菅家文草《かんけぶんそう》』『菅家後集《かんけこうしゅう》』などの漢詩集を編んだほか、『日本三代実録《にほんさんだいじつろく》』や『類聚国史《るいじゅうこくし》』の編纂も行った才人である。

仁和《にんな》二年（八八六）一月には讃岐守《さぬきのかみ》に任じられ、四年間国司として赴任した。その間、宇《う》多《だ》天皇は即位すると藤原基経《ふじわらのもとつね》を関白に命じたが、文章博士橘広相《たちばなのひろみ》の起草した文章に「阿《あ》衡《こう》」の文字があったため、阿衡はただの位で職掌はないとして基経が政務を滞らせる「阿衡の紛議」が起こった。道真はこのとき上京して基経に意見書を提出し、広相の文章には典拠があることなどを論じて、事件を終息させることに成功した。国司の任期を終えて都に戻ってからは順調に昇進し、寛平《かんぴょう》六年（八九四）には自らが遣唐大使として派遣されることになっていた遣唐使の派遣を中止することを請う奏上を提出し、これにより以降遣唐使を派遣することはなくなった。

寛平九年（八九七）七月、宇多天皇が退位して醍醐《だいご》天皇が即位すると、宇多天皇から全幅の信頼を受けていた道真と新帝との関係は微妙なものになった。藤原時平《ときひら》が左大臣・左大将となり、道真が右大臣・右大将となると、道真の周辺では彼を追い落とそうとする動きが強くなっていった。昌泰《しょうたい》三年（九〇〇）十月、時平のブレーンであった文章博士三善清行《みよしきよゆき》は道真に対し、明年は変革の年である辛酉《かのととり》なので、身の程をわきまえて職を辞すべきだとの書を送っている。実際道真はたびたび職を辞したい旨の表を提出していたが、天皇はそれを認めなかった。

ところが、昌泰四年（九〇一）正月に時平と道真がともに従二位《じゅにい》に叙されたのちの二十五日、道真は突然大宰権帥《だざいのごんのそち》に左遷されることになった。『政事要略《せいじようりゃく》』によれば、左遷の理由としては、寒門から大臣に取り立てられたにもかかわらず、宇多上皇を欺いて廃し、醍醐天皇の弟で自分の娘寧子《やすこ》が妻となっている斉世《ときよ》親王を皇位につけようとしたことがあげられている。しかし、これには根拠がなかったとする研究が多く、藤原氏による他氏排斥の一環とみなす考え方が通説となっている。

死と安楽寺

二月一日になると道真は大宰府に向けて出発し、その時詠《よ》んだ歌「東風《こち》吹かば　匂ひおこせよ　梅の花　あるじなしとて　春を忘るな」はよく知られている。また、このとき邸宅に植えられていた梅が道真を慕って大宰府まで飛んでいったとする飛梅伝説も後には作られていった。道真の漢詩集『菅家後集』によれば、大宰府においては、望郷の思いを抱き寂しい生活を嘆きながらも、決して醍醐天皇を恨んだりするようなことはなく、仏教に帰依していった。そして延喜《えんぎ》三年（九〇三）二月二十五日、五十九歳でその生涯を閉じた。

道真に関する縁起によれば、亡くなってからさまざまな不思議なことがあったとされている。『北野聖廟縁起《きたのせいびょうえんぎ》』巻五では、道真を葬ろうと牛車《ぎっしゃ》が墓所に向かっていたのだが、あるところまで来ると牛が動かなくなってしまったので、そこを墓所にして安楽寺《あんらくじ》を建立《こんりゅう》したこ

太宰府天満宮（福岡県太宰府市）

とを記している。この地からは「安楽寺」の銘をもつ平安末期の瓦とともに奈良時代の様式をもつ瓦が発見されており、安楽寺建立以前に何らかの寺院があったことが推定されている。道真が亡くなった際には、墓所あるいは埋葬の前に一時遺骸を納めた「喪葬所」をもととして味酒安行《うまさけのやすゆき》によって安楽寺が創設されたのではないかとされている。「安楽」という名称からは、道真の怨霊を弔う姿勢がうかがわれ、安楽寺として整備されるようになるのは、おそらく道真の怨霊が意識されるようになって以降のことであろう。

京都に北野天満宮が創建されると、安楽寺は安楽寺天満宮《てんまんぐう》と呼ばれるようになり、明治四年（一八七一）には太宰府神社、そして戦後は太宰府天満宮に名称が変更された。安楽寺天満宮に関しては、道真が亡くなった後、従者が大宰府より帰京して右京一条二坊一保八町の地に道真の霊を祀ったとされる安楽寺天満宮（一之保社《いちのほのやしろ》）がある。この周辺には北野神人《じにん》が住んでいた。明治の神仏分離令により安楽寺が廃寺となると、明治六年に北野天満宮境内に社宝・文書とともに移され、旧地には「天満宮旧蹟」と刻まれた石碑とともに再建された祠《ほこら》が建てられている。北野天満宮所蔵文書としてよく知られている酒麴《しゅきく》役関係の文書も、もとはこちらで保存されていたものである。

二、怨霊化する道真

縁起における道真

延喜八年（九〇八）十月七日に参議従《じゅ》四位《うしい》上《じょう》藤原菅根《ふじわらのすがね》が五十四歳で亡くなる。これについて『北野聖廟縁起絵』では、「菅根卿はあらたに神罰を蒙《こうむり》て、その身はうせにけり」と記しているが、同時代史料には道真の怨霊と関連づけているものはないことから、この時点ではまだ怨霊はほとんど意識されていないようである。延喜九年四月四日には左大臣正二《しょうに》位《い》藤原時平が三十九歳で早世した。道真と敵対した時平の死は人々に道真の怨霊の登場を実感させたであろう。『扶桑略記《ふそうりゃっき》』には「菅丞相の霊、白昼顕形す。左右の耳より青龍出現す」のように、道真の霊が青龍と化して時平の体内に入り込み、耳から姿を現したさまを記している。

そして、延喜二十三年（九二三）三月二十一日、醍醐天皇の皇太子保明《やすあきら》親王が二十一歳で夭折したことは、醍醐天皇にとって大きな衝撃であり、菅原道真の祟《たた》りによるものだとの噂も広まった。『日本紀略《にほんきりゃく》』には、「皇太子保明親王薨《こう》ず年廿一。天下庶人悲泣せざるはなし。その声雷のごとし。世挙げて云《いは》く、菅帥《かんのそち》霊魂宿忿《しゅくふん》のなすところなり」と記されている。保明親王の母の藤原穏子《やすこ》は時平の妹であることから、その死は道真の怨霊の存在をよりいっそう認識させることになったであろう。醍醐天皇にしてみれば、自らの行為によって道真を怨霊とさせてしまい、それによって苦しめられているということは認めたくないはずだが、不幸な事態が重畳することにより認めざるを得なくなったと言えよう。

これ以降、道真の怨霊に対する鎮魂の方策が相次いでとられていく。まず、四月二十日には道真を右大臣に復し、一階加えて正二位を贈り、昌泰四年の道真左遷の宣命《せんみょう》を破却した。『愚管抄《ぐかんしょう》』巻第三によると、醍醐天皇は道真に対する行為を悔い、すべての記録から抹消し

ようとしたと記されている。これらは名誉を回復することにより怨霊をなだめようとする行為である。さらに閏《うるう》四月十一日には、延喜から延長《えんちょう》への改元も行われた。

しかし、その後も治安の紊乱《びんらん》は収まらず、延長三年（九二五）六月十九日、保明親王の皇子で藤原時平の娘を母にもつ慶頼王《よしよりおう》がわずか五歳で夭折した。そして、延長八年（九三〇）六月二十六日の内裏《だいり》への落雷は人々を恐怖に陥れた。京の北西にそびえる愛宕山《あたごやま》から黒雲が立ち上り、急に暗くなったかと思うとにわかに雷鳴が轟《とどろ》いた。雷は清《せい》涼殿《りょうでん》南西の柱に落ち、大納言藤原清貫《きよつら》は袍《ほう》に火がついて死亡し、右中弁《うちゅうべん》平希世《たいらのまれよ》は顔が焼きただれて亡くなり、右兵衛佐《うひょうえのすけ》美努忠包《みぬのただかね》は髪が焼けて亡くなった。さらに紀陰連《きのかげつら》は腹部が焼けただれ

『北野天神縁起』（北野天満宮蔵）

て悶乱《もんらん》、安曇宗仁《あずみのむねひと》は膝を焼かれて倒れ伏すというありさまであった。なおこの時の様子は諸史料により相違がある。『北野聖廟縁起』巻六ではこのことについて、「是則《これすなはち》天満大自在天神の十六万八千の眷属《けんぞく》の中の第三の使者火雷火気毒王《からいかきどくおう》のしわさなり」と、道真が神格化された「天満大自在天神」の眷属のひとつ「火雷火気毒王」が雷として現れたのだとする。

清涼殿への落雷により死者が出たことに衝撃を受けた醍醐天皇は、体調を崩し病に伏してしまった。そして延長八年九月二十二日、寛明《ゆたあきら》親王（朱雀《すざく》天皇）に譲位し、二十九日に四十六歳で崩御《ほうぎょ》した。

二つの託宣

それでは、道真が北野に祀られる過程を『北野天神縁起』をもとに考えていきたい。『北野天神縁起』は平安時代末期には成立したと考えられており、現在では鎌倉時代の年号を奥書《おくがき》にもつ建久《けんきゅう》本・建保《けんぽう》本・承久《じょうきゅう》本の存在が知られており、建久本・建保本は詞書《ことばがき》のみで、承久本は根本《こんぽん》縁起とも呼ばれる未完の絵巻である。

『北野天神縁起』では道真による二つの異なった託宣《たくせん》があったことにより、道真を北野に祀ったことを記している。第一の託宣は、天慶《てんぎょう》五年（九四二）七月十二日に、西京（右京）七条二坊に住んでいる多治比《たじひ》の女あやこという者にあった。託宣の内容は、「私が昔世にあったとき、しばしば右近馬場《うこんのばば》にあそぶことがあった。都近くの閑勝の地で、そこに優るところはない。それゆえ無実の罪で鎮西《ちんぜい》におもむいてから、宿業を思ったが、心の中に怨みに思う気持ちが燃え上がり、都へ帰るのはいつかわからぬが、ひそかにかの馬場へ向かうときには、胸の炎が少し安らぐので、祠を構えて立ち寄るたよりとしてほしい」というものである。あやこは身の程の卑しさをはばかって、右近馬場には社を造らずに自らの住居の近くに瑞垣《みずがき》を造って五年間崇め祀っていたが、神慮に叶わなかったため、天暦《てんりゃく》元年（九四七）六月九日に北野に遷《うつ》し奉《たてまつ》ったという。

文子天満宮（京都市下京区）

　この内容は、『北野天満自在天神宮創建山《やま》城国《しろのくに》葛野《かどの》郡《ぐん》上林《かんばやし》郷《ごう》縁起』（以下『北野縁起』と記す）によっている。『北野縁起』では、天慶五年七月十二日に右京七条二坊十三町の多治比奇子《あやこ》に託宣があり、すでに天神の号を得、鎮国の思いがあるので、世にあるときしばしば遊覧した右近馬場に禿倉《ほこら》（祠）を構えてほしいと述べたことを記している。奇子は自らの身の卑しいことをはばかって、自身の住居の近くに五年の間禿倉を営んで崇めていたが、久しく託悩《たくのう》を蒙って堪えがたく、天暦元年六月九日に北野に移し、その後松の種がたちまち生えて数歩の林となったという。

　もう一つの託宣は、天慶九年（九四六）近《おう》江国《みのくに》比良《ひら》宮の禰宜《ねぎ》神良種《みわのよしたね》の子で七歳の童《わらべ》にあったとされる。その内容は以下のとおりである。

仏舎利《ぶっしゃり》・玉の帯・銀作の大刀・笏《しゃく》・鏡などの私の持ち物はここに来たはじめに納め置いた。我が従者に老松《おいまつ》・富部《とみべ》という二人があり、笏を老松に持たせ、舎利を富部に持たせた。二人は鎮西から我とともに来た者である。この二人は一筋縄ではゆかぬ者で、心を許してはならない。我の左右に置いている。老松は我に随《したが》って久しい者である。自分が昔大臣だったとき、夢の中で自分が松の身となって折れてしまった夢を見たのは、流される予兆であった。松は自分の象徴である。我が怒りの炎は天に満ち、もろもろの雷神鬼類はみな我が従類となって、十万五千いる。我が所行により世界に災難がもたらされる。帝釈天《たいしゃくてん》も私にまかせている。それゆえ「不信の者が世に多くなった。疫癘《えきれい》（疫病）を起こせ」と言えば、我が従類をつかわして行わせるのである。不信の人を雷公に頼んで踏み殺させるぞ。悪瘡《あくそう》もよい物であろう。このように言うばかりではない。世界にわび悲しんでいる衆生《しゅじょう》を見ると、何とかして救おうとばかり考えている。鎮西にいたとき、常に仏天を仰いで願ったのは、「命が亡くなるのならば、この世で私のように思わぬ外災にあたった人、すべてわび悲しむ人を助け救い、人を損じる者を正す身となろう」と願い、思いどおりになった。我が社のちかくでは殺生をしないように。怒りの心が増して、災いをもたらそうと思う心が起こるのである。みな人は賀茂・八幡ばかり崇め、我を何とも思っていない。我を頼りにする人を守ろうと思う心は深い。いずれの神であっても我を押さえつけることはできないだろう。右近馬場こそ興宴の地であるので、我はそのそばに遷りたい。その地には松を生じさせよう。我はこの世にあった間、公事を行うために仏の灯分《とうぶん》（灯明料として支給された稲穀《とうこく》）を止め、その罪は深い。自在の身となったといっても苦しいことが多いので、そこに法華三昧堂《ほっけざんまいどう》を建てて、時ごとに大法の法螺《ほら》を吹き鳴らしてくれたのなら、どれほど嬉《うれ》しいだろう。一大事の因縁は不可思議である。『菅家後集』に載せる「離家三四月」という漢詩と、「雁足《がんそく》……」の句を大きな声で誦《じゅ》したならば、どれほど興があるだろうか。

このように言って童は正気に戻った。この内容は、『天暦元年託宣記《てんりゃくがんねんたくせんき》』に基づいている。神良種はこの託宣を携えて右近馬場に来て、朝日寺《あさひでら》の住僧最鎮《さいちん》・法儀《ほうぎ》・鎮世《ちんぜい》などに向かって話をしていたところ、一夜のうちに数十本の松が生えてたちまち松林となった。そこで、最鎮とあやこの伴類《ばんるい》たちが力を合わせて心を一つにして祠を作り、天暦元年（九四七）から十四年間に御殿を五度建て直したとする。この部分は『最鎮記文』に基づいている。

両者の託宣は、真言《しんごん》系と天台《てんだい》系とで、それぞれ道真を祀ろうとする動きであり、それだけ道真の怨霊が人口に膾炙《かいしゃ》していたことを裏付けるものである。菅原氏及び摂関家と結んで勢力を伸張しつつあった朝日寺の住僧最鎮らに対し、奇子一族の側では近隣の在地刀禰《とね》ら「諸司富豪之輩」と称される人々の支持を獲得し、堂舎の整備が行われていったのであった。しかし最終的には、『最鎮記文』からうかがわれるように、しだいに奇子一族にかわり菅原氏と住僧が経営にあたり、貞元《じょうげん》元年（九七六）十一月に最鎮が北野宮寺《きたののぐうじ》の寺務となり、菅原氏の北野支配が確立した。比良山《ひらさん》は貞観御霊会《じょうがんごりょうえ》の際に講師をつとめた慧達《えだつ》が修行した場所であり、奇子の託宣に対抗して、天台側が怨霊鎮魂の主導権を握ろうしていたことが想像できる。

『北野天神縁起』で、天台座主尊意《そんい》のもとを訪れた菅原道真の怨霊が、喉の渇きを潤すためにすすめられた石榴《ざくろ》を口に含むと、たちまち炎となって妻戸に燃え広がり、尊意が灑水《れいすい》の印を結んだところ火が消えたという「石榴天神」の話は、天台僧によって怨霊が鎮められたことをあらわしていよう。北野社は江戸時代末まで比叡山曼殊院《まんしゅいん》の配下となるのである。

『道賢上人冥途記』

また、『北野天神縁起』では道賢《どうけん》（日蔵《にちぞう》）が六道を巡歴し、地獄で苦しむ醍醐天皇に会ったことを載せている。これは『扶桑略記』天慶四年（九四一）条所引『道賢上人冥途記《どうけんしょうにんめいどき》』に基づくもので、そこでは以下のように記されている。はじめ東寺《とうじ》に住し、のち大和国室生山龍門寺《やまとのくにむろうさんりゅうもんじ》に移った真言僧道賢上人（日蔵）は、十二歳で吉野金峯山《きんぷせん》に入り、発心門椿山寺《ほっしんもんちんざんじ》で剃髪《ていはつ》し六年間山岳修行をした。しかし母の病のため京都に帰り、以後年に一度は金峯山で修行を行い、天慶四年八月一日に修法を行っていたところ、高熱を発して呼吸ができなくなり、息が絶えた。そして八月十三日に蘇生《そせい》するのであるが、その間体験した冥途のことを書き記したのが『道賢上人冥途記』である。

道賢は執金剛神《しゅこんごうしん》の化身である禅僧に導かれて金峯山浄土に案内され、そこで多数の眷属《けんぞく》異類を従えた太政威徳天《だいじょういとくてん》に出会った。太政威徳天は自らが菅相府《かんしょうふ》すなわち道真であることを明らかにし、君臣を悩乱し、人民を損傷し、国土を殄滅《てんめつ》しようとして、自分が一切疾病災難のことをつかさどるのだと語った。道賢は太政威徳天に対して、日本国の人々は道真の霊を火雷天神と称して世尊のごとく尊重していると述べたのに対し、太政天は、自身の第三の使者である火雷天気毒王が延長八年（九三〇）に雷を落として藤原清貫・平希世らを亡き者に

大威徳明王（東寺蔵）

し、醍醐天皇の身肉《みしし》六腑《ろっぷ》を爛壊《らんえ》させてついには命を終えさせたのだと言う。さらには、地震・疾病・飢饉・乱逆、京都の焼亡、東大寺・崇福寺《そうふくじ》・法隆寺《ほうりゅうじ》・延暦《えんりゃく》寺《じ》などの諸大寺の焼亡、藤原純友《すみとも》の乱・平将門《まさかど》の乱、前九年の役、安元《あんげん》三年（一一七七）の京都の大焼亡、興福寺の焼失などを起こしたのも天神の使者の所作であるとしている。

醍醐天皇が地獄に堕《お》ちて苦しんでいる様子は、メトロポリタン美術館本『天神縁起絵巻《てんじんえんぎえまき》』や山口県の防府《ほうふ》天満宮所蔵の『松崎《まつざき》天神縁起絵巻』などに描かれており、道真を追い落とした張本人として地獄に堕ちて苦しんでいると多くの人々に認識されていたのであった。

大威徳明王《だいいとくみょうおう》は人間界と仏界を隔てる天界に位置する明王の中でも特に中心的役割を担う五大明王の一つで、西方の守護神であり、日本には空海がもたらした。像は六面六臂六脚《ろくめんろっぴろっきゃく》で、水牛にまたがっている姿で表現される。都から見て筑紫《つくし》は西方であり、大威徳明王は文《もん》殊菩薩《じゅぼさつ》の化身であることから、文筆に優れた道真にふさわしい明王としてイメージされたのであろう。また、大威徳明王は牛に乗っていることから、道真と牛との関係も強く意識されていったものと思われる。太政威徳天は真言密教と関係が深いと言える。

『道賢上人冥途記』では、道賢が道真の霊と会ったのを天慶四年のこととしているが、実際は北野社創建以後、おそらくは正暦《しょうりゃく》四年（九九三）閏《うるう》十月に「太政大臣」が贈られて以降『道賢上人冥途記』が成立し、金光明最勝王経《こんこうみょうさいしょうおう》をもとに、真言密教の立場から北野宮草創を主張したものと考えられる。これに対して、『北野聖廟縁起』は、天台宗の立場から北野社の天満天神の信仰として唱えられたもので、両者を合わせるかたちで『北野天神縁起』が成立したため、二つの託宣があったことを記しているのではないだろうか。

天神とは何か

道真のことを現在でも「天神さん」と呼んでいるが、この名称はどのような意味をもっているのだろうか。天慶五年（九四二）七月十二日の多治比奇子への託宣で、すでに天神の号を得た旨記しているが、いつ誰から得たのかはわからない。また、後に記す天慶八年七月二十八日の志多羅神輿《しだらみこし》入京の際に、一つの輿の鳥居に「自在天神」と書かれていたことから、天神の号が社が北野に建立される前からの名称だったことは確かである。

天神は古来より、天神地祇《てんじんちぎ》の「アマツカミ」の意で用いられたり、『続日本紀』延暦四年（七八五）十一月壬寅《みずのえとら》（十日）条に桓武天皇が天神を交野《かたの》の柏原《かしわら》に祀ったという記事のように、中国における天上の諸神と同義で用いられたりしているが、道真が天神として祀られたのと同時期に天神がどのような意味に用いられていたのか考察しなければならない。

『日本紀略』延長四年（九二六）六月二十六日条の「祇園《ぎおん》天神堂で供養する」という記述や、『本朝世紀《ほんちょうせいき》』長保《ちょうほう》元年（九九九）六月十四日条に「今日は祇園天神会《てんじんえ》なり」「時に天神大いに忿怒《ふんぬ》す」などとあるように、祇園感神院《かんじんいん》は祇園天神とも呼ばれていた。また、道真は火雷天神・天満大自在天・太政威徳天などと呼ばれていることから、ここで用いられている天神は、仏教における天部《てんぶ》の神の意と思われる。そのため、神仏習合の進んだ平安中期に建立され、仏教との結びつきの強い祇園社や北野宮において、そこに祀られている神を天神と称したのだろう。道真の場合は人神であるから、天部の神として位置づけられたものと思われる。

大自在天はもとはバラモン教におけるシヴァ神で、暴悪と治療の両面をもっており、唯一最高の天地創造神とされる。『図像抄』では三目八臂《さんもくはっぴ》で白い牛に騎《の》っているとする。こうした姿をもとに道真と牛とのさまざまな伝説が作られていくのである。

また、「天満」という名称は、『天満宮託宣記』の「瞋恚《しんい》の焔《ほのお》天に満たり」に由来すると考えられているが、この名称は天台側で主張されていったようである。そのため、奇子の託宣を記した『北野縁起』には、群書類従本と東向観音寺本《ひがしむきかんのんじ》のみ、冒頭に「北野天満自在天神宮創建山城国葛野上林郷縁起」と記されていて、同内容の荏柄《えがら》天神社所蔵『「北野天神御託宣記文」所収北野天満自在天神宮創建山城国葛野郡上林郷縁起』や、恩頼堂《おんらいどう》文庫蔵『伝 并《ならびに》御託宣等」所収北野天満自在天神宮創建山城国葛野郡上林郷縁起』には、「天満」の名称が記されていない。群書類従本と東向観音寺本は、おそらく奇子側の縁起が北野宮の『北野聖廟縁起』の中に組み込まれて整理される中で書き込まれたのだろう。

志多羅神入京事件

近江比良宮に託宣がおりた前年の天慶八年（九四五）には、民衆による熱狂的な宗教運動として著名な志多羅神《しだらがみ》入京事件が起こった。『本朝世紀』によると、志多羅神とか小藺笠神《こいがさがみ》とか八面神《やつおもてがみ》とか呼ばれる諸神が東西の国々から入京するとの噂があったことを記している。承平《じょうへい》・天慶の乱が鎮圧されてからまだ四年であり、東国と西国から得体の知れない神々が入京してくるとの噂は、敗死した平将門と藤原純友の怨霊の出現を想起させたであろう。そして豊島《てしま》郡司は左のような内容を上申した。

志多羅神と号する御輿《みこし》三基が七月二十五日の朝、豊島郡の西に当たる河辺郡の方から数百人ほどの人々に担がれ、人々は幣帛《へいはく》を捧《ささ》げて鼓を打ち、歌い舞いながらやってきた。道俗男女、貴賤《きせん》老少は翌日の明け方まで市をなして集まり、歌い舞っていた。二十六日の辰《たつ》の刻に御輿は担がれて、奉幣《ほうへい》と歌舞の中、島下《しましも》郡を目指して進発した。一の御輿は檜皮葺《ひわだぶき》で鳥居が取り付けられており、文江自在天神と書かれていた。今二つの御輿は檜《ひ》葉葺《ばぶき》で鳥居はなかった。そして別の御輿三基が同じく歌舞しながら河辺郡の児屋寺《こやじ》（昆《こん》陽寺《ようじ》）へ送られていった。

七月二十九日には六基の神輿と非常に多数の群衆が、山城国乙訓《おとくに》郡山崎郷に入ってきた。その夜ある女に神が降臨し、神が石清水《いわしみず》宮に行きたいと述べたので、八月一日の朝、石清水八幡宮に六基の神輿を担ぎ込んだ。神輿は八幡宮神前にすえられ、そのまわりでは多数の群衆が奉幣・歌遊を行っていた。そして、第一神輿の名は「宇佐宮《うさぐう》八幡大菩薩御社」につけかえられていた。

また、醍醐天皇第四皇子重明《しげあきら》親王の日記『吏部王記《りほうおうき》』天慶八年（九四五）八月二日条では、神輿は筑紫を発して民衆に担ぎ送られて河辺郡に着き、第一神輿は「自在天神」でそれは「故右大臣菅公霊」のことで、第二神輿は「宇佐春王三子」、第三神輿は「住吉神」であったという。

神輿のまわりでは「数千万人（ママ）」の群衆が奉幣を行い、つぎのような童謡《わざうた》を踊り謡っていた。

月笠《つきがさ》着る、八幡種蒔《ま》く、いざ我らは荒田開かむ
志多良《しだら》打てと、神は宣《のた》まふ、打つ我らが命千歳
志多良米《よね》はや買はば、酒盛れば、その酒富める始めぞ
志多良打てば、牛はわききぬ、鞍《くら》打ち敷け、佐米《さめ》負はせむ

反歌
朝《あした》より、蔭《かげ》は蔭れど、雨やは降る、佐米こそ降れ
富はゆすみきぬ、富は鎖《くさり》懸け、ゆすみきぬ、宅《いえ》儲《もう》けよ、煙儲けよ、さて我らは、千年栄えて

この「シダラ歌」は転換期の農村に深く根ざした農民の祝い歌であり、シダラ神運動のなかでの主題歌として大きく盛り上がり、一部は各地の農耕神事や社寺での神事における祝い歌の中に定着し、現在まで歌い継がれているという。

この志多羅神入京事件は、承平・天慶の乱ならびに菅原道真の怨霊化という社会の不安定な状況を反映しており、民衆によって担がれた神が入京することによって社会を一新させようとする「世直し」的状況を引き起こしていたのではないだろうか。もとは「自在天神」と書かれた額が「宇佐宮八幡大菩薩」に変えられ、神輿が石清水八幡宮に届けられたのは、将門の時と同じように、将門の怨霊の上位の存在として八幡神がイメージされていたからである。そして、その神輿が京都における八幡神の鎮座地である石清水八幡宮にもたらされたことは、朝廷にとっては大きな脅威であった。

社殿の建立

『北野天神縁起』によれば、天暦元年（九四七）六月九日に北野に社殿が建立されたとするが、この地はどのような地だったのだろうか。北野という名称は、内裏の北側に広がる野と

北野天満宮（京都市上京区）

いう意味である。ここは、遣唐使が唐に赴く際、道中の安全を願って天神地祇を祀ったり（『続日本後紀』承和三年〔八三六〕二月朔日《ついたち》条）、元《がん》慶《ぎょう》年中（八七七―八五）に穀物の豊作を北野の雷公に祈ったところ効果があったため、以来毎年秋に北野で雷公が祭られていた場所であったことが確認できる（『西宮記《さいぐうき》』）。さらには鏡を撫物《なでもの》とし、五つの神座を祀る陰陽道の雷公祭が北野の右近の馬場で行われていた（『文肝抄《ぶんかんしょう》』）。こうしたことから、雷神と深く関わりを持つ菅原道真の怨霊が北野の地に祀られるのは似つかわしいことであった。

『北野天神縁起』では、天暦元年六月九日に北野に道真の祠が建てられて以降、この縁起が記されたとされる天徳《てんとく》四年（九六〇）まで御殿を五度改造し、現在では三間三面の檜皮葺で御影像《みえいぞう》を安置し、法華経・金光明経・仁王般若経が納められ、卒塔婆《そとば》が立てられており、観音菩薩を安置する堂が建てられ、五間の僧坊も二宇あったとする。

この記事は『最鎮記文』中の「寺家焼失」「わずかに玉殿を構え、もとのごとく欽仰《きんぎやう》す」という記述に相当し、創建当初は道真の霊を祀る「廟《びょう》」と仏事のための「仏堂」が建てられていたが、焼失後には道真の御影像を祀り、その前で法楽が行われる「天神廟堂」が新たに建立されたとみてよいだろう。そしてこの廟堂は「用いるところの色は筆端《ひったん》に尽くしがたし」とあるように、従来の仏堂とは異なる神廟建築だったと推測される。おそらくは、この過程で、北野寺の中の一つの廟という存在から、神廟が中心の宮寺へと変化したと考えられる。このときの神廟は室町時代のものとされる北野曼荼羅《まんだら》に描かれる宝殿と、それほどかわっていないのではないだろうか。

建久本『北野天神縁起』の末尾には、道真の本地《ほんじ》を十一面観世音菩薩であると記している。『愚管抄』においても慈円は「天神ハウタガヒナキ観音ノ化現《けげん》ニテ、末代ザマノ王法ヲマヂカクマモラントオボシメシテ、カカルコトハアリケリ」のように、道真は観音の化現であったことを記している。聖徳太子・藤原鎌足《かまたり》・慈恵大師《じえだいし》良源《りょうげん》などの突出した人物は観音の化現であったとされるが、それは観音は変化するという認識があったことによるだろう。また、道真および母親も観音信仰をいだいていたとされることも、観音の化身とされるのに影響を与えたと考えられる。近代になると道真の命日である二十五日に天神講が行われるようになるが、以前は観音の縁日である十八日に毎月天神講が催され、観音と道真との関係を人々は深く認識していた。

三、信仰の変容

儒家の神、詩文の神へ

『太平記』巻第十二「大内《だいだい》造営幷《なら》びに聖廟の御事」によると、社殿が建立されてもまだ怨霊は鎮まらず、天徳二年（九五八）から天元《てんげん》五年（九八二）までの間に内裏が三度焼け、新たに内裏を造営しようとしたところ、削り立てた柱に「造る共《とも》又も焼《やけ》なん菅原や棟の板間の相《あは》ん限《かぎり》は」という虫食いの歌があったという。そこで道真の神霊をなだめようと、一条《いちじょう》天皇は、正暦《しょうりゃく》四年（九九三）六月二十六日には道真に左大臣正一位、十月二十日には太政《だいじょう》大臣の位階を贈ったという。そうして勅使を安楽寺へ下して詔書を読み上げたところ「昨《きのふ》は北闕《ほつけつ》に悲しみを被《かうむ》る士となり　今《けふ》は西都に恥を雪《きよ》むる尸《しかばね》となる　生きての恨《うらみ》死しての歓《よろこび》それ我奈《いか》ん　今は須《すべから》く望み足《た》んぬ皇基《くわうき》を護《まも》るべし」との声が天から聞こえたという。この内容は『北野天神縁起』にも載せるが、怨霊から国家の守護神への転換を示していると言えよう。

道真の霊魂が北野に祀られ、そののち貞元《じょうげん》元年（九七六）十一月十七日、道真の孫文時《ふみとき》が、大宰府安楽寺と同じように「北野寺」でも氏人が寺務を行うことを上奏して認められると、菅原道真＝怨霊という側面が希薄になり、菅原氏の家職としての儒家との関わりで、儒家の神、さらには詩文の神として崇められるようになった。

寛和《かんな》二年（九八六）七月二十日の慶滋保胤《よししげのやすたね》による「菅丞相廟《かんしょうじょうびょう》に賽《むくい》る願文」では、「天満天神の廟につき、文士を会して詩篇を献ず。それ天神は文道の祖、詩境の主たるをもつてなり」（『本朝文粋《ほんちょうもんずい》』）と記されており、すでに十世紀後半には、道真は詩文の神として崇められるようになっていた。それは、天徳三年（九五九）二月十五日、藤原師輔《もろすけ》による社殿造営の際の願文で、摂関家の守護を道真の御霊に祈願して以来、摂関家を支える役割として北野社が期待され、怨霊的側面は次第に小さくなり、和魂《にぎみたま》的側面が前面に出てきたものと思われる。怨霊として強力な力を持っていたからこそ、和魂としても神の強い力が期待されたのであった。

その後、永延《えいえん》元年（九八七）に一条天皇の勅命により道真を祀る祭典が行われ、正暦二年（九九一）には朝廷からの崇敬の厚い十九社の列に加えられ、公的な性格をおびるようになった。『大鏡《おおかがみ》』には、「只今《ただいま》の北野宮と申《まうし》て、あら人神におはしますめれば、おほやけも行《ぎやう》幸《かう》せしめ給《たま》ふ」と記されている。その結果、『北野天神縁起』の冒頭に「王城鎮守の神々おほくましませど、霊験まことにあらたにて、あけ（朱）のたまかき（玉垣）に再拝せぬひと（人）となかりけり。たゝけばかならずこたへ、あふげば（仰）かならずのぞむ」と記されるように、王城鎮守の霊験あらたかな神となって人々の願いを叶えてくれる善神として崇められるようになった。

また、『北野天神縁起』には、道真の神格をあらわす興味深い話を載せている。

中納言通俊《みちとし》の子で顕密《けんみつ》の高僧である世尊寺《せそんじ》の阿闍梨《あじゃり》仁俊《にんしゅん》が、鳥羽院のもとに祇候《しこう》する女房が仁俊のことを、本当は女好きで清僧ぶっているだけだと話しているのを聞いてとても残念に思い、北野社に参籠《さんろう》して、この恥を何とかすすいで下さいと祈り、「あはれとも神々ならば思ふらむ人こそ人の道はたつとも」と詠んだところ、その女房は赤い袴《はかま》を腰に巻き、手に錫杖《しゃくじょう》を持って、仁俊にでたらめなことを言った報いよと言いながら院の御所に参上して舞い狂った。院はたいへんあわれだと思われ、北野社から仁俊を召して見せたところ、仁俊は神の霊験《れいげん》あらたかなることに感じて涙を流して、不動明王《ふどうみょうおう》の呪文を唱えたところ、女房は正気に戻った。これに感心した院は、「薄墨」という馬を下賜された。

この話は『十訓抄《じっきんしょう》』や『古今著聞集《ここんちょもんじゅう》』にも採録されているが、仁俊が恥をすすぐために北野社に参籠しているのは、同じように無実の罪を着せられた道真ならばわかってくれると思い参籠したのであろう。また、悪口を言いふらした女房に祟っているのは、タタリ神としての北野天神の本来の姿を現していると言えよう。鎌倉幕府でも道真による清涼殿への落雷のことが前例としてひかれるなど、怨霊としての道真という考え方は意識されていた。

諸道の神

鎌倉時代における北野社への参拝のあり方について、興味深い史料が天台僧光宗《こうじゅう》によってまとめられた『渓嵐拾葉集《けいらんしゅうようしゅう》』に収録されている。北野に参詣するものは正直でなくてはならないとして、その理由として三つあげている。第一に、天神は無実の咎《とが》により罪を蒙《こうむ》ったので、妄語を特に戒めているにもかかわらず、世間の人は不実の意をもって参詣する。ゆえに天神は北を向いてしまったので、北面から参詣して思うところを祈るのである。第二に、社壇の後門に舎利塔を安置しており、舎利のところに天神が常にいらっしゃるので北面にまわって祈念するのである。第三に、舎利はすなわち天神の御体であり、一切諸神の本源は舎利である。さらには天神は生前に弁財天法を行い、舎利を最も大事にしていた。その上この神は不妄語の神体すなわち金剛界の大日如来の全体である。

北野社舎利塔（常照皇寺蔵）

実際に、将軍をはじめ庶民も、本殿正面で参拝した後は背後にまわって祈願した。天神は、他の神社と違って参拝する際にこうした作法があったことは、怨霊であったということに起因するものである。

室町時代に成立した『お伽草子《とぎぞうし》』「天神の本地《ほんじ》」では、応天門に放火した罪で伊豆《いず》に流罪となって亡くなり、死後怨霊となったとされる伴善男《とものよしお》を登場させ、藤原時平と三人で歩いていたときに時平が道真の背が低いのを馬鹿にし、それに怒った道真が二人の顔を打ったとする。それを恨んだ時平は、郎等《ろうどう》に命じて内裏に火をつけ、延喜《えんぎ》帝に犯人は道真だと讒言《ざんげん》した。そのため、道真は筑紫へ流されたことを記す。文芸の世界では、祟る道真の姿が再生産されていた。

足利《あしかが》将軍は伊勢神宮・石清水八幡宮とならんで北野社を重視したが、それは北野社御師職《おしき》の祖とされる禅陽《ぜんよう》が尊氏《たかうじ》に随従して、建武《けんむ》三年(一三三六)三月の筑前多々良浜《ちくぜんたたらはま》合戦の際に祈禱《きとう》し、以降勝利を遂げたことによるという。「等持寺古絵図《とうじじ》」によれば、尊氏は邸宅を改造し、将軍の菩提寺《ぼだいじ》であった等持寺の鬼門に天神社を勧請《かんじょう》した。また、第三代将軍義満《よしみつ》は御産祈禱を北野社のみに依頼し、その結果義持《よしもち》が生まれたことにより、義満は北野社神輿の造替《ぞうたい》、廻廊《かいろう》等の修理を行った。そして義持は北野社に数多く参籠し、荘園の寄進を行うなど、足利将軍家と北野社との関係は密接であった。

怨霊としての道真が意識される一方、儒家の神、さらには詩文の神としての道真という側面が次第に強くなっていった。道真を崇拝する気風は五山禅林にも広がり、鎌倉時代後期になると、禅僧の間では、天神が宋《そう》に渡って仏鑑禅師無準師範《ぶっかんぜんじぶじゅんしばん》に参禅して法衣を授かったという渡唐天神の伝承が広まった。そして唐服を身にまとい梅枝を持った「渡唐天神」像が描かれるようになった。また、北野社の境内には連歌会所《かいしょ》がつくられ、毎月十八日には連歌会が催されて、宗砌《そうぜい》、宗祇《そうぎ》らが会所奉行を務め、室町時代における連歌の中心地であった。これも道真が歌の神とされたことによる。勧進猿楽《さるがく》や秀吉による北野大茶会など、北野社は芸能の中心でもあった。

江戸時代の天神信仰

江戸時代になると道真に関する伝記が数多く作成されるが、代表とされるのは江戸時代後期には成立していた『菅家瑞応録《かんけずいおうろく》』である。道真の年齢ごとに事績がまとめられており、『北野天神縁起』にかわって天神信仰の流布に大きな役割を果たしたとされる。この中では神宮神官の渡会春彦《わたらいはるひこ》の霊夢により神童が菅原是善の子となることから始まり、全編春彦との関係が強調されるのが特徴的である。春彦は白大夫《しらだゆう》として現在でも北野天満宮境内に祀られている。道真配流に関しては、道真ばかり延喜帝に優遇されるのをねたんだ時平が定国《さだくに》・菅根《すがね》などと語らい、呪詛《じゅそ》・調伏の術を企てて陰陽寮《おんようりょう》の者に命じて呪詛したが、神は非礼を受けなかったので、斉世《ときよ》親王を太子に立てようとしていると讒言し流罪となったとする。そして、左遷の際に河内国土師里道明寺《はじのさとどうみょうじ》に住む叔母《おば》に暇乞《いとまご》いをし、難波《なにわ》の浦から舟に乗って播《はり》

「大当狂言之内菅丞相」

磨国《まのくに》明石《あかし》の浦にたどり着いて歌を詠み、印南郡《いなみのこおり》曽根《そね》村、長門国《ながとのくに》濱中、筑前国袖湊《そでのみなと》を経由して大宰府に到着したことを記す。博多では綱敷《つなしき》天神の由緒も記され、天神に関する伝承地が瀬戸内海周辺ですでに広がりをもっていたことを示している。また、怨霊の跳梁《ちょうりょう》についても、より具体的に記されている。

芸能の分野では、謡曲・狂言・浄瑠璃《じょうるり》・歌舞伎など道真はさまざまな作品に取り上げられた。中でも代表とされるのが浄瑠璃『菅原伝授手習鑑《すがわらでんじゅてならいかがみ》』である。『菅原伝授手習鑑』は近松門左衛門《ちかまつもんざえもん》の『天神記《てんじんき》』の影響のもと、竹田出雲《たけだいずも》が総指揮をとり、三好松洛《みよししょうらく》・並木千《なみきせん》柳《りゅう》・竹田小出雲《こいずも》の合作として作られた。三つ子の兄弟が大活躍する話は、竹本座で延享《えんきょう》三年（一七四六）八月二十一日に上演されると大当たりし、八ヶ月の長期興行となり、翌月には京都・中村喜世三郎《きよさぶろう》座で歌舞伎として上演されたのをはじめ、翌年には江戸で中村・市村両座が競演するほどの人気を博した。この中では道真は荒々しさが強調され、悲劇性が高められた。『菅原伝授手習鑑』は『義経千本桜《よしつねせんぼんざくら》』『仮名手本忠臣蔵《かなでほんちゅうしんぐら》』と並んで歌舞伎の三大名作とされる。また、安永《あんえい》六年（一七七七）四月十五日より大坂角《かど》の芝居で上演された並木吾《ご》八《はち》作の歌舞伎『天満宮菜種御供《てんまんぐうなたねおとも》』も好評で、道真の存在は人々の脳裏に刻まれた。

その一方、寺子屋において書道の神・学問の神として菅原道真が崇拝され、毎月二十五日の道真の月命日には祭壇に天神像が飾られた。そして道真は雪冤《せつえん》の神・正直の神として尊崇され、読書・手習いに精を出せば天神の加護を得られるが、守らなければ罰を蒙るとされ、「和魂漢才」が説かれた。

近代の天神信仰

明治をむかえると天皇中心の国家のもと、忠臣としての道真が強調されるようになった。

去年の今夜清涼に待す　秋思の詩篇独り断腸
恩賜の御衣《ぎょい》今ここにあり　捧持して毎日余香《よこう》を拝す（『九月十日』）

大宰府に流されても延喜帝のことを恨みに思わず、帝から賜ったお召し物を捧げ持って、毎日残り香をかぎながら恩恵を思い起こしているとの内容が注目され、楠木正成《くすのきまさしげ》や和気清麻呂《わけのきよまろ》とともに忠臣の鑑《かがみ》として祭り上げられた。

日露戦争時の旅順《りょじゅん》港閉塞作戦において、敵軍から魚雷を受け、乗組員が脱出を試みる中、海軍中佐広瀬武夫《ひろせたけお》は一人杉野孫七《すぎのまごしち》が見当たらなかったため探し続け、最後には砲弾の直撃を受けて戦死したことにより〝軍神〟となった。その広瀬の「正気歌《せいきのうた》」では、

或《あるい》は芳野廟前《よしのびょうぜん》の壁と為《な》り　遺烈千載鏃痕《いれつせんざいぞくこん》を見る
或は菅家《かんけ》筑紫の月と為り　詞《ことば》は忠愛を存《そん》して冤《えん》を知らず

とある。楠正行《くすのきまさつら》は一族郎党百四十三人を従え、吉野にある後醍醐《ごだいご》天皇廟前の如意輪堂《にょいりんどう》に詣で、壁に辞世の句を鏃《やじり》をもって永遠に書き残し、菅原道真は讒言により筑紫に流されたが、詩を詠じて忠愛の誠を表し、決して天皇を恨むことはなく、正気は天地に満ち満ちていまもなお長く世に残っており、自らも七たび人間に生まれて国恩に報いる覚悟であると詠《うた》っている。

そして、明治二十一年（一八八八）発行の改造兌換《だかん》銀券五円券に肖像画として描かれて以

「日本銀行券　五円」

来、昭和十八年（一九四三）発行の日本銀行券三十五円券に至るまで、道真は紙幣に六度登場するほど人気の人物だった。

明治二十九年には「鉄道唱歌」の作詞者としても知られる大和田建樹《たけき》作詞による唱歌「菅公」が作られた。そこでは「生きては君に仕えたり／死しては国の文学の／守りの神と祭らるる／御稜威《みいつ》は高し仰げ人」と歌われ、理想の人物として崇められている。また、大正期には違う詩の「菅公」が文部省唱歌となって歌われるなど、臣下のあるべき道を示したとして道真は讃えられた。皇国思想のもと、忠臣としての道真が強調されたのであった。

このように、時代に応じて道真のさまざまな面が強調されてきたことがわかる。そして、戦後は大きく転換し、忠臣としての側面は消え、現在では学問の神・受験の神として崇められているのである。

第四章　関東で猛威をふるう平将門

一、武威を誇った平将門

首塚の祟り

東京都千代田区大手町の高層ビル街の一角には、場違いであるかのように木に取り囲まれた一角がある。これが将門首塚《まさかどくびづか》と呼ばれる場所で、東京都の史跡に指定されている。将門首塚にはさまざまな不思議な現象が言い伝えられており、近代の開発にともなって首塚が撤去されそうになるたびに関係者に「将門の祟《たた》り」がふりかかった。

首塚の地は神田神社の旧地とされ、明治になるとここに大蔵省が置かれたが、御手洗池《みたらしいけ》と呼ばれる蓮池《はすいけ》とその南の将門塚は残されていた。大正十二年（一九二三）九月一日の関東大震災で大蔵省が罹災《りさい》し、将門塚も破損したため、その機会に発掘調査が行われた。塚は五世紀ごろに造られた小型の円墳もしくは前方後円墳と推測され、塚の下からは長方形の小さな石室が現れ、石室の中には比較的時代の新しい瓦や陶器片などが混じった土があったことから、一度掘り起こされて補強されたことが認められたが、墓主については判明しなかった。

将門首塚（東京都千代田区大手町）

調査後石室は壊され、御手洗池も埋められて、その上に大蔵省の仮庁舎が建てられたが、しばらくすると大蔵官僚の中で病気となる者が続出し、工事関係者にもけが人や死亡者が相次ぎ、早速整爾《はやみせいじ》大蔵大臣をはじめ二年間に十四人が相次いで死亡し、けが人も多く、特にアキレス腱《けん》が切れる者が多かったという。これは将門が足の病のために敗戦の憂き目を見たという故事に関係があるのではないかという噂《うわさ》が広がり、塚の上の庁舎は取りこわされて、昭和三年（一九二八）三月二十七日に盛大に将門鎮魂祭が行われたのであった。

しかし、その後も「将門の祟り」は続き、昭和十五年六月二十日には都内二十ヶ所あまりで落雷があり、大手町の逓信《ていしん》省航空局をはじめ、付近一帯に延焼した。この年は将門没後千年にあたったことから、庁舎はただちに移転され、一千年祭が挙行されて河田烈《かわだいさお》大蔵大臣自ら筆をとって古跡保存碑が建立《こんりゅう》された。

空襲によりこのあたりは焦土と化し、第二次世界大戦後はGHQのモータープール建設用地として接収され、米軍のブルドーザーによって焼け跡の整地が行われていたところ、ブルドーザーが地表面に突出していた石にぶつかったのが原因で横転し、日本人運転手と作業員の二人がブルドーザーの下敷きになり一名が即死し一名が大けがをした。また、労務者のけが人も絶えなかったこともあり、施工者が調べてみると、ここは将門塚のあった場所で、ブルドーザーがぶつかった石は、塚の石標であったことがわかった。また、町内会長の遠藤政《まさ》蔵《ぞう》氏が司令部に塚の由来を説明して、壊さないように陳情したことにより、GHQも了承して塚は残されることになった。

その後も首塚に関する「都市伝説」は再生産され続け、現在でも首塚に供えられる生花が絶えることはない。

平将門の乱

それでは、こうした平将門の怨霊《おんりょう》がどのように成立していったのか見てみたい。平将門は、桓武平氏高望《たかもち》の孫で、父は鎮守府将軍良持《よしもち》もしくは良将《よしまさ》とされ、母は犬養春枝《いぬかいのはるえ》の娘とされている。将門は下総《しもうさ》北部の豊田《とよだ》・猿島《さしま》を地盤としていたが、若いころに上洛して藤原忠平《ふじわらのただひら》に仕《つか》えた後に下総に戻り、承平《じょうへい》五年（九三五）になると前常陸大掾《さきのひたちのたいじょう》源　護《みなもとのまもる》とその子の扶《たすく》や娘婿《むこ》の良兼《よしかね》、叔父国香《おじくにか》らと一族間での合戦に及び、扶・国香らを殺害した。翌年護の訴えにより京都に召喚されるものの、朱雀《すざく》天皇元服の大赦によって帰郷すると、その後一族間の争いは激化した。天慶《てんぎょう》二年（九三九）には常陸国の紛争に介入して常陸国府を焼き払い、関東全域の支配を企てて下野《しもつけ》・上野《こうずけ》・武蔵《むさし》・相模《さがみ》の国府を次々と陥れた。そして、将門は自らを「新皇《しんのう》」と称し、王城を下総国に建て、諸国の国司を任じ、関東自立の姿勢を示した。しかし翌年二月、藤原秀郷《ひでさと》や国香の子である平貞盛《さだもり》らに襲われ、十四日に下野猿島（茨城県坂東《ばんどう》市）で矢に当たって討たれ敗死した。現在その地には国王《こくおう》神社が鎮座し、将門の霊が弔われている。そしてさらに、首は京都にもたらされて東　市《ひがしのいち》でさらし首にされた。さらし首とされるのは、将門が史上初めてのようである。

将門調伏《ちょうぶく》のために、伊勢神宮をはじめとした諸寺社に祈禱《きとう》が命じられ、それに応じて各寺社においてさまざまな奇瑞《きずい》があったことが報告されているのは興味深い。例えば『帝王編《ていおうへん》年記《ねんき》』によれば、東大寺羂索院執金剛神《けんさくいんしゅこんごうしん》の前で行われた七大寺諸僧　衆会《しゅうえ》において、将門調

国王神社（茨城県坂東市）

伏の祈禱をしたところ、数万の蜂が堂中にあふれ、執金剛神の髻糸《けいし》を吹き折ると東に向かって飛び去ったであるとか、頭光《ずこう》の右方の天衣が切り落とされたとか、執金剛神像が二十余日行方不明となり、その後元のように壇上に戻ったが、天冠《てんかん》の錺《かざり》の右側が欠けてしまい、その体は汗をかいたように湿っていたということを報告している。各寺社はこぞって自らの神仏が霊験あらたかであり、その効験により将門を調伏することができたのだと朝廷に報告したのであった。また、神仏の助けがあってこそ現実世界において実現できるのだと考えられていたからこそ、熱心に神仏に対して祈願したのであった。

藤原純友の乱

天慶三年二月に将門の乱は平定されたものの、瀬戸内海西部では藤原純友《ふじわらのすみとも》（？―九四一）が伊予国日振島《いよのくにひぶりじま》を根拠として多くの海賊集団を率いて略奪を繰り広げていた。そうしたところ、九月十二日には狐《きつね》が内印《ないいん》の鎰鈴《いつれい》（天皇御璽《ぎょじ》の入った箱のカギ）をくうという怪異が発生したことにより、南海道《なんかいどう》の凶賊のことと合わせて占いが行われた。その結果、諸社への奉幣《ほうへい》や内裏《だいり》諸殿で仁王会《にんのうえ》が行われたが、このような連続した怪異の発生は、東西での相次ぐ反乱により朝廷が動揺している姿を反映していると言えよう。

東西において乱が巻き起こるという不安定な社会状況を反映してか、都では「御霊《ごりょう》」に仮託した民衆による宗教運動が巻き起こった。『本朝世紀《ほんちょうせいき》』天慶元年（九三八）九月二日条には、近頃東西両京大小路衢《ろく》（城内のみちがまじわりあっていてにぎやかな所）において木で刻んで男女対の神を作り、それに冠をかぶせて丹《に》で体を塗ったり男女の性器を刻んだりし、その像に対して幣帛《へいはく》を捧《ささ》げたり香花《こうげ》を供えたりして、岐神《ちまた》（道祖神）だとか御霊だとかと称してもてはやしている風俗があったことを記している。

純友は天慶四年（九四一）になると筑前国に上陸して大宰府を攻め、財物を奪って建物に放火したりしたが、諸社への奉幣の甲斐《かい》あってか、朝廷の命を受けた追捕使《ついぶし》小野好古《おののよしふる》・源経《つね》基《もと》らによって討たれた。そして、同年七月にはその首が京都にもたらされ、東西の兵乱の平定報賽《ほうさい》のための奉幣や、祇園社への東遊《あずまあそび》・走馬《はしりむま》の奉納などがなされた。

二、将門の伝説化

伝説の形成

それでは、将門が怨霊となって現れたと考えられるのはいつからであろうか。将門に関する伝説ははやくも十世紀末には形成され始めた。出羽国田川郡南山《でわのくにたがわなんざん》龍華寺《りゅうげじ》（善竇寺《ぜんぽうじ》）の僧妙達《みょうたつ》は五穀を絶って法華経を読誦《どくじゅ》したことにより、天慶五年（九四二）に一度は亡くなったものの七日後に蘇生し、そのとき閻魔王《えんまおう》の案内で見た冥土《めいど》の様子を『僧妙達蘇生注記《そうみょうたつそせいちゅうき》』として記しており、それは永観《えいかん》二年（九八四）にまとめられた『三宝絵詞《さんぼうえことば》』に収載されている。そこでは、悪人の統率者として将門が日本国に派遣されたが、天台座主尊意《てんだいざすそんい》が悪法を修して将門を殺してしまったため、冥界《みょうかい》において日に十度も将門と合戦する運命におかれたという。

さらには十一世紀末に成立したと考えられる『将門記《しょうもんき》』では、将門が冥界と通じている姿が描かれている。天慶二年（九三九）十二月に将門が上野国府を襲って印鎰《いんやく》を奪い、除目《じもく》を行った際に、一人の巫女《みこ》が神懸かりしたとして、以下のように記されている。

時に一人の昌伎《かんなぎ》ありて云《い》えらく、「八幡大菩薩《はちまんだいぼさつ》の使《つかい》ぞ」とくちばしる。「朕《ちん》が位を蔭子《おんし》平将門に授け奉《たてまつ》る。その位記《ゐき》は、左大臣正二位菅原朝臣の霊魂表すらく、右八幡大菩薩八万の軍《いくさ》を起こして、朕が位を授け奉らん。今すべからく、卅二相《さんじゅうにそう》の音楽をもて早くこれを迎え奉るべし」と。

将門に新皇の位を授けようと八幡大菩薩が示したが、その位記を道真の霊魂が書いたという。文才のあった菅原道真は八幡大菩薩のもとで働いているが、道真の上位者として八幡菩薩を持ち出しているのは、九州を統括する神として八幡神がイメージされていたからであろうか。平将門の乱や藤原純友の乱の際、朝廷から宇佐八幡宮に奉幣が行われており、八幡神は乱を平定する軍神の役割が期待されていて、鎮護国家を担っていた。その一方、天照大《あまてらすおおみ》神《かみ》の系譜を引く天皇家の「主流」に対して、「傍流」として担ぎ出され、ひとたび事が発生すると、「主流」を脅かすことにしばしば利用された。道鏡を天皇とするという宇佐八幡宮の神託が下ったとされた事件もこうした側面から理解できよう。八幡神には祟り神としての側面があり、反権力、既存の天皇制の否定の装置として機能していたことが指摘されている。

天皇となるための位記を授けるということは実際にはないことであるが、八幡神が将門に対して位記を授け、さらにはすでに怨霊として人口に膾炙《かいしゃ》していた菅原道真が奉者となっているとすることは、将門怨霊化を予感させる事象と言ってよいだろう。この話は『玉葉《ぎょくよう》』治承《じしょう》四年（一一八〇）十二月四日条にも記され、源平動乱期にあたり将門のことが思い起こされていたことがわかる。

怨霊化する将門

十九世紀はじめに完成した江戸の地誌『御府内備考《ごふないびこう》』では、もとは神田明神《かんだみょうじん》の近くに、延暦年間（七八二―八〇六）に建立された天台宗の寺院があり、天慶の乱後にそこに平家ゆかりの者が将門の墳墓を築いたところ、亡霊の祟りがはなはだしく、天変地妖が相次いだため、嘉元《かげん》三年（一三〇五）に時宗《じ》の二祖他阿真教《たあしんきょう》が東国遊化《ゆげ》の際訪れた時に供養を行い、将門に「蓮阿弥陀仏」という法号を贈って板碑《いたび》に刻み、塚のそばに建てることによって祟りが収まったとする。真教は天台宗だったこの寺を時宗に改宗し芝崎《しばざき》道場とし、以後栄えたという。現在建てられている板碑は当時そのままのものではないが、鎌倉時代の状況を物語る史料と言えよう。

時宗の僧によって霊魂の鎮魂が行われた例は他でもさまざま見ることができる。源平合戦の際の斎藤実盛《さいとうさねもり》は、平維盛《これもり》と木曽義仲《きそよしなか》の南下を防ぐために北陸へ出陣するが、加賀国篠原《かがのくにしのはら》合戦で敗北した。実盛は最後の一騎になるまで戦ったが、最後には手塚光盛《てづかみつもり》によって首を掻《か》き切られた。実盛は七十を超えて白髪だったが、髪を黒く染めて若く見せており、それは老武者と侮られるのを嫌ったためだった。この話はもとは『平家物語』に収録されるが、能の『実盛』となってよく知られるところである。

そうして亡くなった実盛は成仏できない霊として登場し、遊行上人《ゆぎょうしょうにん》によって弔われた。『遊行縁起《ゆぎょうえんぎ》』には以下のように記されている。第十四代遊行上人太空《たいくう》は、応永《おうえい》二十一年（一四一四）三月五日から七日七夜の別事《べつじ》念仏をしていたところ、中日に白髪の者が来て算《ふだ》を取った。太空は普通の人ではないと思ったが、その人物は群衆に紛れて見えなくなってしまった。翌日、加賀国篠原の在地の人から、斎藤実盛が遊行上人のところへ行って念仏札をいただいたとの噂が立った。篠原の人々が言うことには、実盛のために卒塔婆《そとば》を書いて立てたいとのことで、木を削って進上してきた。それではということで「南無阿弥陀仏《なむあみだぶつ》、三世諸仏出世本懐説阿弥陀仏名号云々《みょうごううんぬん》」と銘文を記し、意趣書もあわせて書いた。そして、集まってやってきた人はこの卒塔婆を書き写さぬ人はなかったという。

その他、時宗の徒は戦場において陣僧として、敵味方関係なく亡くなった人々に十念《じゅうねん》を授けることも行っており、現世と来世の橋渡しをしていたことがわかっている。ゆえに真教による将門鎮魂もそうした背景から考えることができよう。

将門の首

南北朝時代の『太平記』になると、将門の首についての伝承が具体的に記されるようになっていく。巻第十六「日本朝敵ノ事」では、将門について以下のように記している。

朱雀院の御宇《ぎょう》承平五年（九三五）に将門という者が東国に下って相馬《そうま》郡に都を立て、百官を召し使えて、みずから平《へい》親王と号した。官軍はこぞってこれを討とうとしたが、その身はみな鉄の体で、矢・石でも傷を被《こうむ》らず、剣・戟《げき》でも通用しなかったので、諸卿は議論して、鉄の四天王を鋳て比叡山に安置し、四天合行《してんごうぎょう》の法を行わせた。これにより天から白羽の矢が一筋降りてきて、将門の眉間に突き刺さったので、ついに俵藤太秀郷《たわらのとうだひでさと》に首を捕られることとなった。その首は獄門に懸けられて曝《さら》されたが、三ヶ月たっても色が変わらず、目も閉じず、常に歯をかみしめて、「斬られた我が五体はどこにあるのか。ここに来い。頭とつながって今一度いくさをしよう」と夜な夜なしゃべったので、聞く人はこれを恐れないということはなかった。時に道を通り過ぎる人はこれを聞いて、

将門ハ米カミヨリゾ斬ラレケル俵藤太ガ謀《はかりごと》ニテ

と詠《よ》んだところ、この頭はからからと笑っていたが、目はたちまちふさがって、その屍《しかばね》はついに枯れてしまった。

将門が都を立てたのが猿島郡から相馬郡にかわり、新皇が親王になるなどの違いが生じているほか、歌では将門が鉄の体をもっていたが、俵藤太によって唯一の弱点である「こめかみ」（米カミ）を突かれたことにより殺されたとされ、伝説化が進んでいる。なぜ「こめかみ」なのかと言えば、秀郷の姓である田原＝俵から米を連想し、さらに「こめかみ」にかけたものと想像される。そして、京都の獄門に懸けられた首は体と合体することによって復活し、再び戦をしたがって夜な夜なしゃべるという怖ろしい様態であったが、歌の力によって

将門の首が祀られた地に建てられたという京都神田明神

鎮められたとされている。歌によって荒ぶる霊魂が鎮まったとするのは、白峯《しらみね》陵における崇徳院の場合など、しばしば見られる。『太平記』にはさまざまな怨霊が登場しており、将門も『太平記』の中で、さらし首が怖ろしい形相でしゃべる姿を記していることから、怨霊とみなされるようになったと考えてよいだろう。

　また、この話で興味深いのは、将門の首が、バラバラとなってしまった胴体と合体することによって復活し、今一度戦をしようと述べている点である。五体そろった肉体が残っていたならば、そこに霊魂が再び入り込むことにより祟りを生じさせることが可能であると考えられていたのである。首だけでも何をしでかすかわからないくらいの力を持っていたが、それがさらに胴体と一体化すると、そこに霊魂が憑依《ひょうい》する可能性が生じ、さらなる祟りが予見された。

『古活字本平治物語』巻下「長田、義朝《よしとも》を討ち六波羅《ろくはら》に馳《は》せ参る事付けたり大路渡しで獄門にかけらるる事」でも、天慶三年二月に討たれた将門の首が四月末に京着し、獄門にかけられているのを見た藤六左近という歌詠《うたよ》みが「将門は米かみよりぞきられけるたはら藤太がはかりことにて」と詠んだところ、五月三日に首が笑ったとしている。

伝説の展開

『太平記』の記述をうけ、室町時代に成立した『お伽草子』「俵藤太物語」では、俵藤太（藤原秀郷）を主人公としているが、そこでは平将門討伐伝説を展開させている。この中で興味深いのは、将門には六人の分身がいるため、本当は一人だけれども人目には七人に見え、それを見破るのには、本体は太陽や灯火に向かうと影ができるが、他の六体には影がないので見破れるというように、話の内容がふくらんでいる点である。十四世紀初期に下総の豪族千葉《ちば》氏の影響下で成立した『平家物語』の一異本『源平闘諍録《げんぺいとうじょうろく》』巻第五「妙見大菩薩本地事《みょうけんだいぼさつほんじのこと》」では、千葉氏自身が信仰していた妙見菩薩を将門も信仰していたと関係づけていることから、

平新皇将門公御真影（神田明神蔵）

北斗七星のイメージによって七人の将門という話が作り上げられたことが指摘されている。

『俵藤太物語』ではさらに、将門の身体は金属であるがこめかみだけは肉身であるので、秀郷はそこに弓を放って倒すことができたとする。そして、将門をはじめとした討ち取った者の首は京都の左獄に懸けられたが、将門の首だけ目も枯れず、色も変わらず、ときどき切歯をして怒り、怖ろしげな形相であったが、ある従者の者がそれを見て「将門は……」の歌を詠んだところ、首が笑ってその後は色も変わり、目も閉じたとしている。

室町時代には、『酒呑童子《しゅてんどうじ》』や『田村《たむら》の草子《そうし》』など、討ち取った首がさまざまな恐怖を引き起こす説話が作られた。そうした背景のもと平将門の首の話もさまざまに脚色されていったのだろう。『酒呑童子』では、酒呑童子がしばしば京都に出現し、数々の悪行を行ったため、人々は恐怖に怯《おび》えていた。そこで天皇は源頼光《よりみつ》ら四天王に命じて討伐させた。頼光は酒に毒を盛って酒呑童子に飲ませ、体が動かなくなったところを首を切って成敗した。切り落とされた首は頼光に食いついたとされ、さらにはその首を宇治《うじ》の宝蔵に納めたとするものや京都と亀岡《かめおか》の境の老《おい》ノ坂《さか》に埋葬したとするものなど、首に関するさまざまな伝説を伴っている。

また、『田村の草子』では、田村将軍俊祐《としすけ》・俊仁《としひと》・俊宗《としむね》によってさまざまな怪物が退治されるが、そのうちの一人鈴鹿《すずか》の大嶽丸《おおたけまる》は鬼神であり、その首は宇治の宝蔵に納められたとされる。

首のもつ意味

それでは、そもそも首はどのような意味をもっているのだろうか。皇極《こうぎょく》天皇四年（六四五）六月十二日、蘇我入鹿《そがのいるか》は中大兄皇子《なかのおおえのおうじ》、中臣鎌子《なかとみのかまこ》らによって宮中で暗殺された。その具体的様子は『日本書紀』には記されていないが、多武峯《とうのみね》の学僧永済《えいさい》が草して暦仁《りゃくにん》二年（一二三九）に制作された『多武峯縁起《とうのみねえんぎ》』では、中大兄皇子によって斬られた入鹿の首が、口を開けたまま空中高く舞い上がる一方、斬られた首の切り口からは、おびただしい血が噴き出すというおどろおどろしい様子が描かれている。

また、『平家物語』第七「還亡《げんぼう》」では、怨霊となった藤原広嗣《ひろつぐ》の亡霊が、調伏しようとした玄昉《げんぼう》の首を取って雲の上へのぼり、三年後にその頭蓋骨に「玄昉」と書いて興福寺の庭に落としたとしている。

『鎌倉公方《かまくらくぼう》九代記』巻九「三浦道寸《みうらどうすん》討死付新井《あらい》城没落 幷《ならびに》怨霊」には、一騎当千の大男であった相模の三浦義意《よしおき》の首をめぐる話がある。義意は北条早雲《そううん》軍に対して新井城にたて籠って奮戦したが、もはやこれまでとみずから首を切って落とし、立ちながら足を踏み開いて亡くなった。だが、その後も首は死なず、血眼を見開き、髭は針金のように立って歯を食いしばり、睨《にら》んでいる形相は一目見たものを悩乱させて病を引き起こさないことはなかった。そのため北条家では有験《うげん》の貴僧に頼んで供養をとげた。しかし三年経《た》ってもまだ首は死ななかったので、久野《くの》（小田原）総世寺《そうせいじ》の禅僧が、

うつゝとも夢とも知らぬ一眠り浮世の隙《ひま》をあけぼのゝ空

と詠んで回向《えこう》した。すると、首はたちまち目がふさがり肉はただれ、しゃれこうべとなったとしている。その上で、中国では眉間尺《みけんじゃく》の首が死なずに楚王を殺し、日本では将門の首が三年間死なず、「将門は……」の歌が詠まれたことにより目が閉じて肉が消えたと記しており、義意の話も将門の話の影響を受けていることが想像される。

歌により三浦義意の首はしゃれこうべとなったものの、新井城のあたりではその後も田畠を作らず草も刈らず、牛馬がそこに入って草を食べるとたちどころに死んでしまう。また毎年、落城した七月十一日には黒雲が空を覆い、丑寅《うしとら》（北東）の方向から稲光が輝いて雷が鳴り、亡霊が荒れて往来の人の前に現れ、夜には怖ろしい声が響き渡って人々は肝をつぶしたという、長きにわたる義意の怨霊への恐れが記されている。

戦国時代には相手を討ち取った際に首実検《くびじっけん》が行われ、それにともなう作法も細かく決められていた。戦功を報告するため多数の首が斬られ、その怨霊も恐れられた。そうしたことから、首に関するさまざまな伝説が生まれていったものと想像される。斬られた首には強い怨念がこもっていると考えられていたのである。

『中国治乱記《ちゅうごくちらんき》』「大内義隆《おおうちよしたか》の出雲富田《いずもとだ》城攻め」には、斬られた首が祟ったことが記されている。大内義隆の養子である晴持《はるもち》が舟に乗って人知れず自舟を沈めて自害したが、遺体が浦に流れ着いて首が斬られて敵方へ送られたところ、亡霊が荒れて浦の者を次々と殺し、光り物が飛びめぐり、往来の人を悩ましたという。そのため、土地の人々は神として崇めて祀ったという。

そうした強い怨念を持った首だからこそ、逆に強い力を発揮するとも考えられていた。弘《こう》治《じ》三年（一五五七）十一月二十五日毛利《もうり》元就《もとなり》自筆状（『毛利家文書』）では、軍神《いくさがみ》である厳島《いつくしま》神社において、合戦で討ち取った相手の首を要害の麓《ふもと》に並べて置いたとされている。首を並べて敵に対する威嚇をするのとともに、強い怨念の力で厳島神社を守護することが期待されたのではないだろうか。生首が並べられているなどおぞましい光景だが、そうした状況が首に関するさまざまな伝説を作っていくことになったのだろう。

三、恐怖の拡大

首と胴

それでは、戦国時代以降、将門の首に関する伝説はどのように変化を遂げていったのか見てみたい。戦国時代には成立していたと考えられる『将門純友東西軍記《まさかどすみともとうざいぐんき》』では、将門・純友の乱に関するさまざまな伝説が付け加えられている。そこでは、「将門は……」の歌が詠まれたことにより、将門の目がたちまち枯れたことを記した上で、神田明神の起源伝説を語っている。すなわち、将門の胴体が首を追って武州《ぶしゅう》にやってきたが、豊島郡にて倒れ、その霊が荒れて郷民を悩ました。ゆえに一社を建てて瞎《かため》明神と呼んだ。瞎とは一目ない容貌のことで、将門は平貞盛《さだもり》によって弓手《ゆんで》の目を射貫かれた。ゆえに郷民は社を瞎と言っているという。そしてはるか後に神田というようになり、それは社のほとりに田があるからだとしている。神田明神は将門の霊を祀っているとも、法性房《ほっしょうぼう》尊意が命を受けて将門調伏を行ったため、神鏑《しんてき》が将門にあたって死んだとも伝えているという。

「平将門退治図会」

この話では、将門の胴体の方が首を追って下野からやってきたが、武蔵において力尽き、そこで祟りをなしたことにより神として祀ったことを記している。また、こめかみを射貫かれた話が、片目を射貫かれたことに転化している。柳田国男によれば、御霊神は身体に犠牲を有していて片目の神として祀られる場合が多いとされるので、そうした影響で将門も片目が射られたことになったのだろう。

それが、天和《てんな》元年（一六八一）ころ成立したと考えられる『前太平記《ぜんたいへいき》』「将門が首獄門に懸る事 幷《ならびに》秀郷百足《むかで》を射事《いること》」になると、「将門は……」の歌が詠まれた後、首が飛んでいく話が付け加わっているのが特徴的である。『前太平記』によれば、将門の首は東国を懐かしく思ったのか空を飛び、武蔵国のある田のほとりに落ち、それより毎夜光り輝いたので、見る人で肝を冷やさないものはいなかったという。そのためそこに神田明神として祀ったことによりその怒りも鎮まって怖ろしいことも起きなくなったとしている。

神田明神

神田明神に平将門を祀ったとする話は江戸時代になるとさまざまに改変されていくようである。それは、幕府が江戸に開かれることになったことにより、以前関東において「新皇」

神田明神（東京都千代田区外神田）

として君臨し、権勢をふるった将門に対する関心が強まったことによるものであろう。
江戸時代初頭に成立したと考えられる『月刈藻集《つきのかるもしゅう》』中には、神田社に関して、秀郷が将門を滅ぼそうとして祈願した社であるとして以下の話を載せている。夜ふけに神田社に来てみると、怒った形相の将門の首があり、太刀《たち》で切り払うと消え去った。これは神の御利生《ごりしょう》であるとして深く尊んで、今度勝利できたなら社を新造することを誓って秀郷は戦場に向かったが、果たせるかな将門を滅ぼすことができ、秀郷は社を造営した。そしてかたわらに将門の霊を祀る小社を構えたが、社が朽ち果てたので、本社に将門の霊を祀っているとする。
また、同じ頃成立した『北条五代記《ほうじょうごだいき》』巻四

では、将門が京でさらし首になった後、天変地異が続き、これは将門の怨念のためであるとの噂が広まったことにより宣旨が下され、将門の心を慰めるために神田明神に神として祀り、その後は天下の怪異も鎮まり、国土安全に民も栄えたとする。

このように、神田明神の創建に関しては、種々の説が唱えられていてはっきりしないが、将門の鎮魂を担っていたということでは共通する。そして戦国時代になると、将門の首に関する伝説が付け加わり、将門の首が落ちたところに神社が作られて鎮魂が行われたという現在にまで伝わる話が形成されたものと思われる。

具象化される将門

江戸時代には将門を題材としたさまざまな文芸作品や錦絵などが作られた。近松門左衛門作の浄瑠璃『関八州繋馬《かんはっしゅうつなぎうま》』、山東京伝《さんとうきょうでん》作の読本《よみほん》『善知鳥安方忠義伝《うとうやすかたちゅうぎでん》』は、その代表的なものである。

『関八州繋馬』は、将門の旗印である「繋馬」のもとに、将門の遺児たちが関八州を股にかけて活躍するという話で、頼光《よりみつ》四天王や『羅生門《らしょうもん》』『土蜘蛛《つちぐも》』の趣向を取り入れている。

平将門の遺児良門《よしかど》は天下奪取の謀叛《むほん》を企て、妹小蝶《こちょう》を源頼光の館に忍ばせて機会をうかがっていた。小蝶は頼光の弟頼信《よりのぶ》を恋い慕うようになり、頼信の許婚《いいなずけ》である江文《えぶみ》の宰相の姫詠歌《えいか》を頼信の弟頼平《よりひら》と契らすように仕向けるが、筧《かけい》の竹筒を使って良門と連絡をとっていたことが知られてしまい、その場で殺される。頼平と詠歌姫は良門の一味となり、頼信を襲うが逆に捕えられる。しかし、乳兄弟である蓑田二郎《みだじろう》が姫に替わって犠牲となった。蓑田の忠死によって、頼平と宰相の罪も許され、捕らえられた良門も釈放された。一方、小蝶の怨念は土蜘蛛の精となって頼信の新妻伊予《いよ》の内侍《ないし》に襲いかかるが、源家の宝刀膝丸《ひざまる》により斬払われて、内侍は本復した。葛城山《かつらぎやま》に籠もった良門は、頼信らと激戦となり、小蝶の魂魄《こんぱく》も土蜘蛛となって暴れ回ったが、四天王の活躍によって討ち取られ、ここに良門らの野望は潰《つい》え、源氏繁昌《はんじょう》の世となった。

歌川豊国「平太郎良門」

『関八州繋馬』が上演されると、その影響を受けて、将門の娘をめぐる怨念と復讐《ふくしゅう》を題材とした浄瑠璃や歌舞伎などが相次いで上演された。その代表作が読本『善知鳥安方忠義伝』とその影響下で成立した歌舞伎狂言『世《よに》善知鳥《うたう》相馬《そうまの》

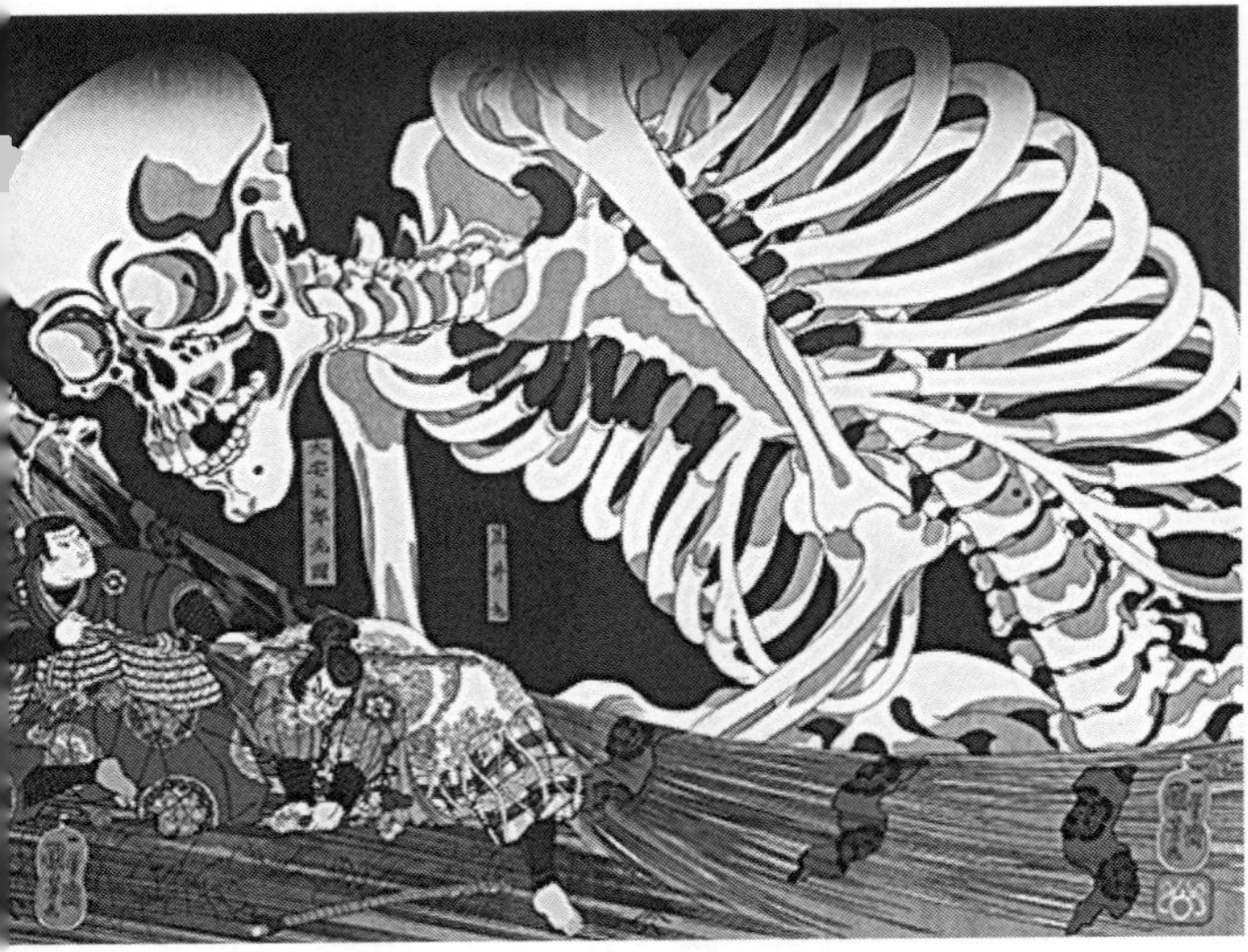

旧殿《ふるごしょ》』である。

文化《ぶんか》三年（一八〇六）刊の『善知鳥安方忠義伝』は、平将門の遺児滝夜叉《たきやしゃ》姫《ひめ》と良門が妖術により父の遺志を果たそうとする復讐物語で、将門伝説に謡曲『善知鳥』の趣向を取り入れた。良門は筑波山《つくばさん》で蝦蟇《がま》の精霊から妖術を学び、滝夜叉姫ともども相馬の内裏跡に本拠を構えて、さまざまな妖怪を従えて天下を狙うが、官兵に囲まれて憤死する話である。

その他、「金幣猿嶋郡《きのざいさるしまだいり》」「忍夜恋曲《しのびよるこいはくせ》者《もの》」など、将門に題材をとった作品が数多く生み出された。その背景には、関東で活躍した人物として将門を顕彰

歌川国芳「相馬の古内裏」

するという側面と、権力に抵抗して「新皇」となった将門を取り上げることによって、直接には批判できない江戸幕府に対するささやかな抵抗を試みようとしているのではないだろうか。

　山東京伝の『善知鳥安方忠義伝』に題材をとって描かれたのが江戸時代末期を代表する浮世絵師歌川国芳《くによし》による「相馬の古内裏《ふるだいり》」である。詞書《ことばがき》には、「相馬の古内裏に将門の姫君、瀧夜叉、妖術を以《もっ》て味方を集むる。大宅太郎光圀《おおやのたろうみつくに》、妖怪を試さんと爰《ここ》に来《きた》り、意に是《これ》を亡《ほろ》ぼす」と書かれている。将門が築いた相馬の古内裏において、平将門の遺児で妖術を操る滝夜叉姫と源頼信の家老大宅光圀とが対決する場面である。

　内裏に朽ちてぶら下がる御簾《みす》をかき分けて、巨大な骸骨が現れる。読本では数百の骸骨が戦闘を繰り広げることになっているのを、一体の巨大骸骨に代表させている姿は、怨霊となった将門の姿を表している。

さらに、明治になっても将門に関わる作品は相次いで制作された。明治二十六年（一八九三）に発行された落合（歌川）芳幾《よしいく》の「百鬼夜行・相馬内裏」では、将門の築いた相馬内裏跡で滝夜叉姫が復讐の鬼となって妖怪変化の類いを集めていたところ、大宅光圀に攻め込まれたため、滝夜叉姫が狂乱する様を描いている。

滝夜叉姫は筑波山の蝦蟇の毒気にかかったことにより変心し、将門とその分身、大蛇などの妖怪を引き連れて非業の最期を遂げた父将門の復讐をするすがたを描いており、こうした「相馬内裏」の図は数多く描かれた。

現代に生きる将門

現在でも将門に関する遺跡・遺物は関東を中心に広範囲に広がり、さまざまな伝説を有している。また、祭でも将門が題材として取り上げられ、栃木県那須《なす》烏山《からすやま》市の山あげ祭で奉納される「将門」など、民衆の間に深く浸透していると言える。

こうした伝説がいつどのような経緯で語られるようになったのかという点については、本書の考察の範囲外であるが、その多くは江戸時代に数多く制作された読本・黄表紙《きびょうし》・合巻《ごうかん》・錦絵・浄瑠璃・歌舞伎・狂言などの影響を受けて作られたと考えてよいだろう。

なぜこのような多種多様な作品に将門が登場し、伝説が作られたのかといえば、体制に抵抗して反旗を翻したものの、最終的には追討されてしまったという悲劇的側面に人々が共感をおぼえたからではないだろうか。

神田明神は江戸っ子の氏神として信仰を集め、氏子は今でも将門調伏をになった成田山新勝寺《なりたさんしんしょうじ》には参詣してはいけないとされる。将門伝説は今でも人々の心の中に生き続けているのである。

第五章　日本史上最大の怨霊・崇徳院

一、史実の崇徳院

崇徳院の生い立ち

崇徳院《すとくいん》（一一一九―六四）と言えば、『小倉《おぐら》百人一首』に載せる、

せをはやみ　いはにせかるる　たきがはの　われてもすゑに　あはむとぞおもふ

の歌を知っている人は多いが、怨霊《おんりょう》としての側面は教科書にも記されていないことから、知らない人も少なくないようである。

崇徳天皇は、元永《げんえい》二年（一一一九）五月二十八日、鳥羽《とば》天皇と大納言藤原公実《ふじわらのきんざね》の娘璋子《たまこ》（待賢門院《たいけんもんいん》）との間に誕生し、諱《いみな》を顕仁《あきひと》といった。しかし、その出生については、崇徳天皇に暗い影を落としていた。『古事談《こじだん》』「待賢門院入内事《じゅだいのこと》」には、崇徳は白河院《しらかわいん》が璋子と密通して生まれた子であり、人々はみなこれを知っており、鳥羽院もそのため崇徳のことを「叔《お》父子《じこ》」と呼んでいたと記されている。『古事談』のこの記述はどこまで真実なのかわからないが、そのような噂《うわさ》があったのは確かである。これが保元《ほうげん》の乱の遠因にもなっていったとさ

れる。

崇徳は、元永二年六月十九日に親王宣下《せんげ》があり、保安《ほうあん》四年（一一二三）正月二十八日、皇太子となった。鳥羽天皇の譲位を受けて、二月十九日に大極殿《だいごくでん》で即位した。崇徳天皇は、曽祖父白河本院、父鳥羽新院のもとで、ひとまずは平穏無事な日々を過ごした。大治《だいじ》四年（一一二九）正月十六日には、藤原忠通《ふじわらのただみち》の娘聖子《きよこ》（皇嘉門院《こうかもんいん》）が女御《にょうご》として入内し、同五年二月二十一日には中宮《ちゅうぐう》となった。両者の間には子供が生まれなかったため、保延《ほうえん》五年（一一三九）五月十八日、鳥羽天皇の女御藤原得子《なりこ》（美《び》福門院《ふくもんいん》）が皇子體仁《なりひと》（近衛《このえ》天皇）を産むと、體仁は崇徳の養子とされた。そして崇徳は女房として身近に仕える兵衛佐《ひょうえのすけの》局《つぼね》を寵愛《ちょうあい》するようになり、保延六年（一一四〇）九月二日、両者の間に重仁《しげひと》親王が生まれた。

崇徳院像（『天子摂関御影』より）

一方、體仁は八月十七日に皇太子となり、永《えい》治《じ》元年（一一四一）十二月七日に鳥羽院が崇徳

【天皇・藤原氏関係系図】

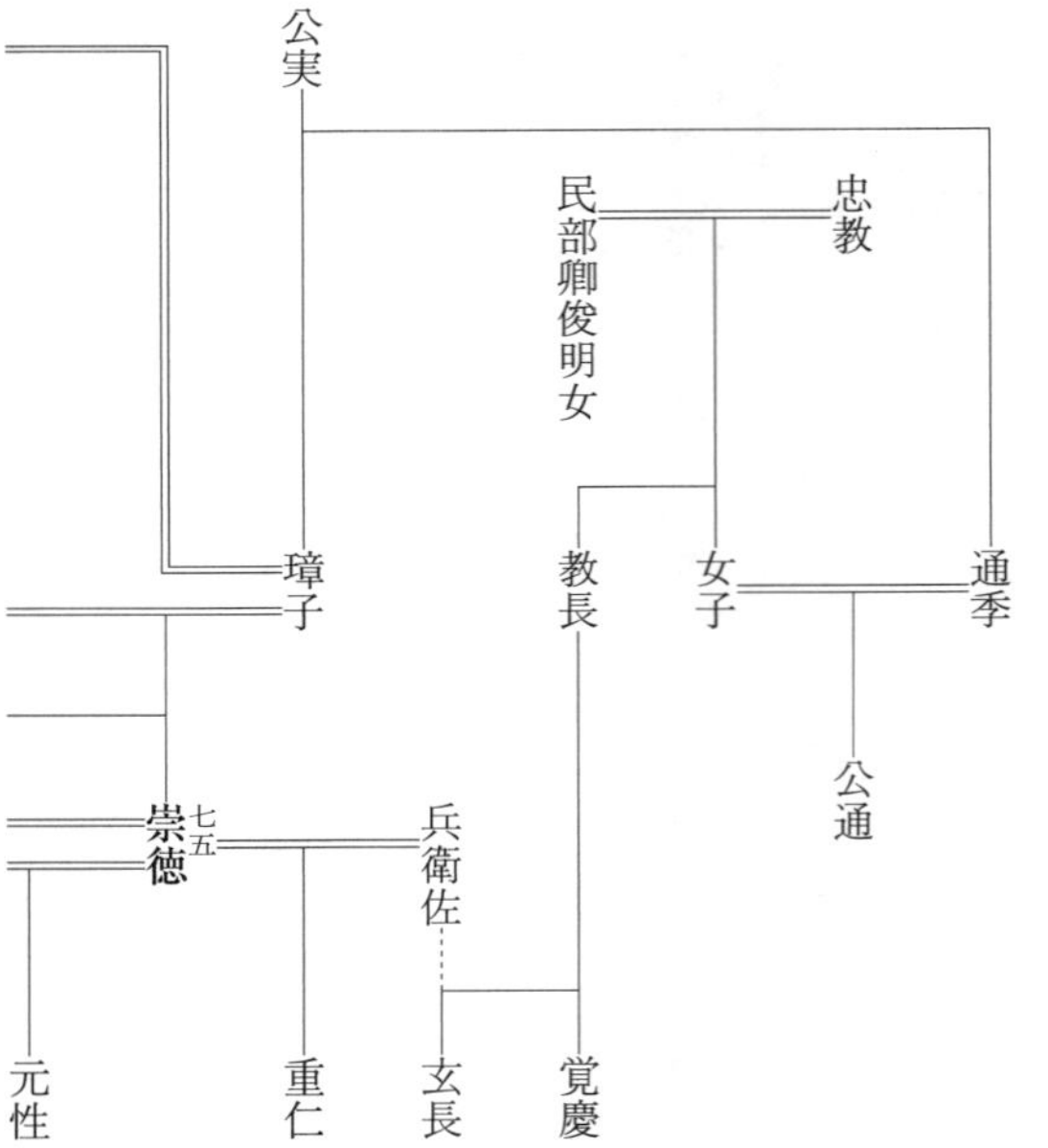

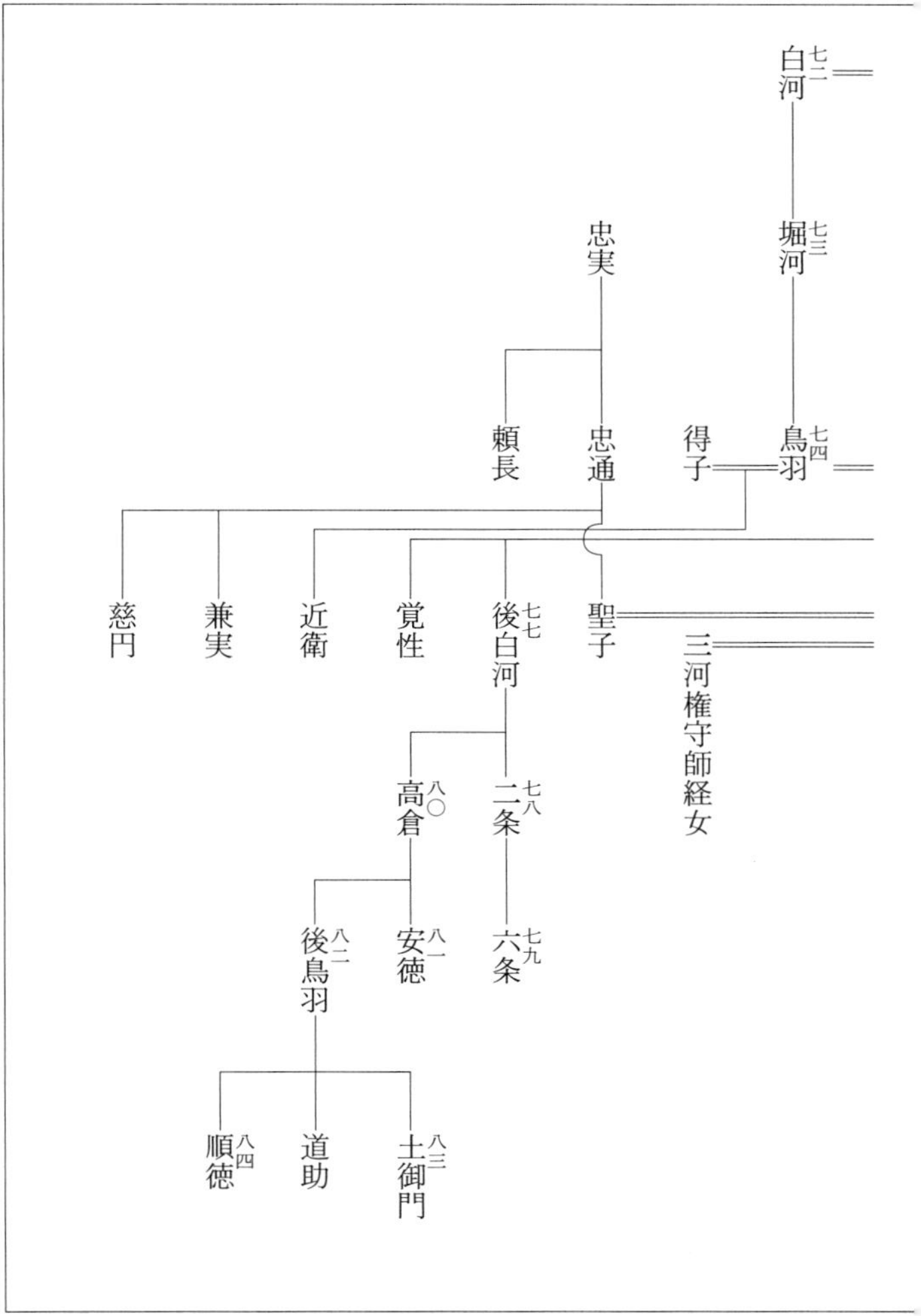
白河 七二
堀河 七三
鳥羽 七四
得子
忠実
忠通
頼長
聖子
後白河 七七
覚性
近衛
兼実
慈円
三河権守師経女
二条 七八
高倉 八〇
六条 七九
安徳 八一
後鳥羽 八二
土御門 八三
道助
順徳 八四

天皇に退位を強要すると、近衛天皇が三歳で即位した。そして、実際の政務は鳥羽院が取り仕切っていた。崇徳天皇は皇位を去る意志はなかったがやむなく退位したのであった。

崇徳天皇は在位中の大治五年（一一三〇）頃から歌会を主催し、翌天承《てんしょう》元年からは、小規模な常連のみによるものながら、頻繁に歌会を催した。上皇となってからも近臣による歌会が催され、『久安百首《きゅうあんひゃくしゅ》』としてまとめられたほか、『詞花集《しかしゅう》』撰集《せんじゅう》などが行われた。崇徳院には政務の実権が与えられておらず、もっぱら和歌の世界において自己を表現していったのであった。

この頃、摂関家《せっかん》においては、藤原忠実《ただざね》は才ある次子頼長《よりなが》を引き立て、長子忠通と不和になっていた。頼長は崇徳院と接近していたために、兵衛佐局の生んだ重仁親王が即位したならば、忠通は自身が失脚することは容易に想像することができた。鳥羽法皇は、策略家である忠通を警戒していたが、忠通は近衛天皇と頼長との離間をはかり、美福門院と崇徳院や頼長との対立を画していた。

仁平《にんぴょう》三年（一一五三）夏から近衛天皇は眼病にかかり、失明のおそれがあるため譲位しようとしているということを忠通は鳥羽法皇に奏したところ、鳥羽法皇は忠通の策略を見抜き、近衛天皇の譲位を認めず、さらには天下に乱の起きることを予感していた。近衛天皇の病状は重くなり、ついに久寿《きゅうじゅ》二年（一一五五）七月二十三日十七歳で死去してしまうと、忠通はこの機会をねらって、忠実・頼長を追い落とそうとした。『台記《たいき》』久寿二年八月二十七日条には、近衛天皇が巫女《みこ》に口寄せして、誰かが呪詛《じゅそ》して愛宕護山《あたごやま》の天公像の目に釘《くぎ》を打ったため、自分は目が見えなくなり、ついには亡くなってしまったと語ったことを記している。そこで後白河《ごしらかわ》法皇はその像を調べさせたところ、果たしてその通りだった。愛宕護山の僧に聞くと五、六年前のことであったという。美福門院と忠通はこれを忠実・頼長の仕業であるとし、鳥羽法皇はそのため父子を憎むようになった。これもすべて忠通の仕組んだ罠《わな》であった。

保元の乱

近衛天皇の後には、重仁親王を推す動きや、待賢門院の第五皇子覚性《かくしょうほっ》法親王を還俗《げんぞく》させて即位させようとする動きや、近衛天皇の姉の八条院暲子内親王を女帝とする動きなどがあったが、鳥羽法皇は美福門院や忠通の強い意向で、生母が早世したために美福門院が養っていた守仁《もりひと》親王（二条《にじょう》天皇）を立てることにした。しかし、父親雅仁《まさひと》親王をさしおいて子の守仁親王が皇位を嗣《つ》ぐことは不穏当であるとして、まず雅仁親王を皇位につけ、その後で守仁親王が皇位を継承するということになった。雅仁親王は久寿二年七月二十四日践祚《せんそ》し、十月二十六日即位した。後白河天皇である。このとき二十九歳であり、幼くして即位するのが通例となっている当時において、異例の成人後の即位であった。鳥羽法皇は雅仁親王について、即位の器量にはないと考えていたが、忠通の進言により即位することになった。崇徳院は次の天皇に、自らの子である重仁をつけようとしていたがそれもかなわず、自らが傍系に追いやられたことに対して不満を募らせた。

保元元年（一一五六）七月二日、鳥羽法皇が安楽寿院《あんらくじゅいん》で崩御した。危篤に陥った際、崇徳院は鳥羽法皇を見舞うため鳥羽殿へかけつけたが、院近臣の藤原惟方《これかた》によって拒否されて面会することが叶《かな》わなかった。そして葬儀にも崇徳院は参列しなかった。

鳥羽法皇の死後、事態は急激に展開した。七月三日には、崇徳院が兵を東三条殿《ひがしさんじょうどの》に集めて、後白河天皇の内裏高松殿《たかまつどの》を窺《うかが》っているとの流言が都人の間に広まり、それを受けて天皇側は、源義朝《よしとも》に命じて東三条殿を没収させている。五日には天皇側は検非違使《けびいし》らを召して京中の武士を取り締まりにあたらせるのとともに、禁中の警衛を強めた。八日には崇徳院の臨幸のないまま鳥羽院の初七日が行われたが、この日諸国司に対し、忠実・頼長が荘園の軍兵を催しているとの風聞があるため、それを停止すべき旨の御教書が出された。こうして天皇側が崇徳院側を挑発し、追いつめていった。

九日夜半に崇徳院は引きこもっていた鳥羽田中御所から密《ひそ》かに白河前斎院《しらかわさきのさいいん》（統子《むねこ》）御所さらには白河北殿に移った。翌十日夕刻には頼長が宇治から上洛した。白河殿に参集したのは、藤原教長《のりなが》・源為義《ためよし》・源為朝《ためとも》らであった。対する後白河天皇側は、高松殿に武士を集結させた。そこに集まったのは、源義朝《よしとも》・平清盛《きよもり》・源頼政《よりまさ》・源義康《よしやす》らであった。そして、高松殿は手狭であったので北隣にある東三条殿に皇居を移し、義朝の主張により、十一日未明に六百余騎の軍兵は白河に向けて発向した。清盛は三百騎を率いて二条通りから、義朝は二百騎を率いて大炊御門《おおいのみかど》通りから、義康は百余騎を率いて近衛通りから白河殿へ迫った。これに対して崇徳院側は、機先を制される形となり、為朝らの奮戦により持ちこたえたものの、辰《たつ》の刻（午前八時頃）に白河殿に火がかけられ、崇徳院と頼長は逐電《ちくでん》し、白河殿は炎上して雌雄が決した。乱そのものは数時間で決着がついたのであった。

この戦いでは首領級の武士に死傷者はなく、崇徳院側はみな逃亡した。天皇側の軍勢は法《ほっ》勝寺《しょうじ》方面を探索したが、崇徳をはじめとした逃亡者を見つけられなかった。十二日崇徳院は同母弟覚性法親王のいる仁和寺《にんなじ》御室《おむろ》を訪れて出家し、鳥羽殿にいた覚性に書状を送って守護してくれるように頼んだが、覚性はこれを拒否したため、十三日に寛遍《かんぺん》法務の坊へ渡ったところを保護された。そして、崇徳院に与《くみ》した武士の多くが降参し、源為義・平忠正《ただまさ》・平家弘《いえひろ》ら中心人物とその子弟七十四人余りが処刑され、その他の者も配流《はいる》となった。

ここに、八一〇年の薬子《くすこ》の変以来の死刑が復活し、『愚管抄《ぐかんしょう》』巻第四に「保元元年七月二日、鳥羽院ウセサセ給《たまひ》テ後、日本国ノ乱逆《らんげき》ト云コトハヲコリテ後ムサノ世ニナリニケルナリ」と記されるように、久々に京都において戦いが展開されて多くの人家も焼失したため、貴族たちは「武者《むさ》の世」が到来したことを実感することになった。

頼長に関しては、合戦の際に流れ矢が頭部に当たったことが原因で亡くなり、奈良般若野《はんにゃの》で土葬にされたことが報告された。そして頼長の四子兼長《かねなが》・師長《もろなが》・隆長《たかなが》・範長《のりなが》は配流され、所領二十九ヶ所が没収された。また、捕らえられた崇徳院は二十三日に讃岐《さぬき》へ配流となった。

讃岐への配流

それでは、崇徳院は讃岐のどこに配流となったのだろうか。半井本《なからい》『保元物語』は『保元物語』の中で最も古体をとどめているとされるが、その「為朝生ケ捕リ遠流《おんる》ニ処セラルル事」では、讃岐に流された際、崇徳院の住むはずの御所がまだ直島《なおしま》に造られていなかったため、在庁官人である高遠《たかとお》という人物の松山の堂に滞在したとする。南北朝時代に編纂された

崇徳天皇宮（香川県香川郡直島町）

勅撰和歌集である『風雅《ふうが》和歌集』巻第九「旅歌」には、大原三寂《さんじゃく》の一人、寂然《じゃくぜん》（藤原頼業《よりなり》）が崇徳院のもとを訪れ、京都へ戻る際に崇徳院と交わした歌が載せられているが、その中に、

崇徳院松山におはしましけるに、まいりて日数へて都へかへりなんとしける暁よめる　　寂然法師

帰るとも後には又とたのむべき此《こ》の身のうたてあだにも有る哉《かな》（九四〇）

とあることから、讃岐に流された崇徳院が松山に滞在していたことは確かである。半井本では以後崇徳院が、直島に移ったことは記さず、三

年間五部大乗経を書いたとするのも松山でのことのようである。五部大乗経の奥に書いた歌、

浜千鳥跡ハ都ニ通ヘ共身ハ松山ニネヲノミゾ鳴

というものも、松山にいるからこその歌である。
しかし、崇徳院は実際には直島に移っていたようである。『梁塵秘抄《りょうじんひしょう》』巻第二には以下の歌が収録されている。

讃岐《さぬき》の松山に
松の一本《ひともと》ゆがみたる
もぢりさの　すぢりさに
猜《そね》うだるかとや
直島《なおしま》の　さばかんの松をだにも直さざるらん（四三一）

この歌は、讃岐の松山に松が一本ゆがんでいる。身をねじりくねらせ憎んでいるのか、直

島の直《なお》のようにこれくらいの松さえ直せないのか、と解釈されている。さらに意を汲《く》んで解釈すれば、松山に心がねじれてひねくれている崇徳院がいたが、「直島」という名前のところに移ってもその心を直すことができないのか、と解釈できよう。これは崇徳院を風刺する京童《きょうわらべ》の童謡《わざうた》であり、だからこそ後白河天皇は『梁塵秘抄』に収録したのである。そしてこの歌が詠《よ》まれたのは、まだ崇徳院は怨霊として認識されていないときのことだと言える。

もう一首、讃岐の崇徳院に関連する歌として、次の歌が収録されている。

侍《さぶらひ》　藤五君《とうごぎみ》
召しし弓矯《ゆだめ》はなどとはぬ
弓矯も箆矯《のだめ》も持ちながら
讃岐《さぬき》の松山《まつやま》へ入りにしは（四〇六）

この歌は、侍藤五君、お召しの弓矯《ゆだめ》をなぜやらぬ、弓矯も箆矯《のだめ》も持っていて讃岐の松山へ行ったのは、と解釈されているが、これもまた、北面《ほくめん》の武士である藤五君が、崇徳院からいただいた弓矯を使わないまま戦いに敗れ、崇徳院の跡を追って松山へ下っていったことを揶《や》揄《ゆ》した京童の童謡だと言えよう。
半井本では、その後崇徳院は国府近くに移ったことが記されている。「新院血ヲ以テ御経ノ奥ニ御誓状ノ事付ケタリ崩御ノ事」には、崇徳院は御所が傷んだので、国府の粗末な丸木作りの「木《き》の丸殿《まるどの》」へ移り、そこで亡くなったとする。西行《さいぎょう》は『山家集《さんかしゅう》』の中で、讃岐を訪れた際、以下のように詠んでいる。

讃岐にまうでて、松山の津と申所に、院おはしましけん御跡尋ねけれど、形《かた》もなかりければ

松山の波に流れて来し舟のやがて空《むな》しく成にける哉《かな》（一三五三）
松山の波の気色《けしき》は変らじを形《かた》なく君はなりましにけり（一三五四）

西行は松山の津を訪れ、崇徳院が亡くなったことと、院の居住した跡がすでにわからなくなってしまっていることを嘆いている。その後西行は白峯の崇徳院陵を訪れて、

よしや君昔の玉の床《ゆか》とてもかゝらん後は何にかはせん（一三五五）

と詠んでいるが、国府を訪れた形跡はない。一方半井本では、同じ歌を国府で詠んだことに変更している。これは、崇徳院が国府で亡くなったと記したための改変と言えよう。こうしたことから、崇徳院は松山において亡くなった蓋然性が高いと言える。

なお、松山津は坂出《さかいで》市の雄山《おんやま》・雌山《めんやま》の東麓《とうろく》の湾入した付近、すなわち高屋町《たかやちょう》の松山小学校付近に比定されている。松山津は国府の津であり、四国の玄関口のひとつでもあることから、かなりの賑《にぎ》わいを見せていたことが想像される。現在坂出周辺には雲井《くもい》御所をはじめとして数多くの崇徳院に関連する伝承地が存在するが、これらのほとんどは近世に設定されていったものである。崇徳院は松山の在庁官人高遠の堂→直島→松山の御所のように移動したとするのが最も妥当ではないだろうか。

配流先での崇徳院

半井本『保元物語』「新院血ヲ以テ御経ノ奥ニ御誓状ノ事付崩御ノ事」では、讃岐に流された崇徳院の望郷の念は強く、自筆で五部大乗経（華厳《けごん》経・大集《だいじつ》経・大品般若《だいぼんはんにゃ》経・法華《ほけ》経・涅槃《ねはん》経）を三年かかって書写し、都の近くに置いてほしいと訴えたが、それも叶わなかったため舌先を食い切り、その血で経の奥に「日本国ノ大悪魔」となることをしたため、その後は髪の毛も整えず、爪も切らずに、生きながら天狗《てんぐ》の姿になって祟《たた》りを引き起こしたことを記している。

また、金刀比羅本《ことひら》『保元物語』「新院御経沈めの事付けたり崩御の事」では、指先から血を流して三年かかって五部大乗経を書写し、それを京都に安置してほしいという希望を持っていたが、受け入れられなかったため、経を地獄・餓鬼・畜生の三悪道に抛《なげう》って大魔縁となろうとして、舌を嚙み切ってその血で大乗経の奥に誓状を書き、諸仏に誓約して経を海底に沈めたとしている。

けれども、『保元物語』に記される崇徳自筆の五部大乗経はおそらくもともと存在しなかったと考えられる。五部大乗経の存在を語る唯一の史料は、『吉記《きっき》』寿永《じゅえい》二年（一一八三）七月十六日条で、そこには経の奥に天下を滅亡させる旨が記された崇徳自筆の五部大乗経は院の二宮である元性法印《げんしょうほういん》のもとにあるという噂を記し、供養されていない経を崇徳の御願《ごがん》寺《じ》である成勝寺《じょうしょうじ》で供養して怨霊に悟りを開かせようとするが、供養を行う前から崇徳の怨念が戦乱を引き起こしているので、供養を行ったならばなおさら怨霊の発動を進めることになりはしないかよく議論すべきであるとしている。

崇徳天皇陵（香川県坂出市）

崇徳院が亡くなった長寛《ちょうかん》二年（一一六四）から十九年たってからはじめて経の存在が語られるのは不自然で、寿永年間（一一八二―八四）は戦乱が相次ぎ、それに加えて養和《ようわ》の大飢饉《だいききん》が起こったことにより世の不安が高まっており、崇徳の怨霊を慰めるための神祠《しんし》建立が取りざたされていたのものの、いまだに神祠の建立がなされていないという状況であり、その最中に血書五部大乗経の存在が語られたことは、神祠の実現を目指す人物の動きが背後にあったことを想像させる。また、実際にこの経を見たという人物はなく、この記述以外には経について記したものは存在しない。実在しなかった経だからこそ、鎌倉本以下の『保元物語』や『平家物語』においては、経を海中に沈めたことにして、現存しないことと整合性を保とうとしたものと思われる。

『保元物語』に記される「虚像」の崇徳院像に対して、実際はどうだったのだろうか。『今《いま》鏡《かがみ》』「すべらぎの中第二　八重の潮路」の記述によれば、崇徳院は剃髪《ていはつ》して弟である仁和寺宮覚性のもとにしばらくいたが、女房とともに網代車《あじろぐるま》に乗り、武士数十人に囲まれて鳥羽から船に乗り讃岐国に下り、女房の兵衛佐局《ひょうえのすけのつぼね》とその他の女房一人二人だけで配所での寂しい日々を過ごし、親しく召し使っていた人々も人目をはばかって、院を訪ねてくることがなかった。そして寂しい田舎に九年ほど暮らし、憂き世の悲しさのあまりか病気も年々重くなり、長寛二年八月二十六日に亡くなった。それに対して作者は、人もいなくてどれほど悲しかっただろうと感想を述べている。そして、五部大乗経や怨霊の話は全く登場しない。

さらに、崇徳院が讃岐配流中に詠んだ歌からも、こうした崇徳院の姿が実像ではないかと想像される。先に紹介した『風雅和歌集』巻第九「旅歌」には、寂然（藤原頼業）が崇徳院と交わした歌も載せられている。

讃岐より都へ上るとて、道より崇徳院にたてまつりける　　寂然法師

なぐさめにみつゝもゆかん君がすむそなたの山を雪なへだてそ（九二六）

松山へおはしまして後、都なる人のもとにつかはさせ給うける
思ひやれ都はるかにおきつ波立ちへだてたるこゝろぼそさを（九二七）　崇徳院御歌

ここでは、京都から遥《はる》かに隔たった讃岐に住まざるを得なくなった状況に対して、崇徳院はたいそう心細いということを詠《うた》っている。しかし、そこからさらに発展して怨念と化すという姿勢は窺《うかが》われない。

また、西行の『山家集』「下雑」には、西行が讃岐の崇徳院に贈った歌の返しとして、女房が讃岐院の気持ちになりかわって詠んだとされる歌が載せられている。

いとゞしく憂《う》きにつけてもたのむかな契りし道のしるべたがふな（一一三八）
かゝりける涙にしづむ身の憂さを君ならでまた誰か浮かべん（一一三九）
目の前にかはり果てにし世の憂さに涙を君に流しけるかな（一一三五）
松山の涙は海に深くなりて蓮《はちす》の池に入れよとぞ思ふ（一一三六）
波の立つ心の水をしづめつゝ咲かん蓮を今は待つかな（一一三七）

「憂き」「涙」といったつらさを吐露する表現に加え、「契りし道」とは極楽浄土への道、「浮かぶ」とは浄土へ往生することをそれぞれ表しており、「蓮の池」「蓮を今は待つ」という言葉からも、これらの歌は、崇徳院が世のはかなさを感じ、極楽浄土に入定《にゅうじょう》することを祈願するという、世を悟ってもっぱら後生を祈るという心理状況を表しており、『保元物語』に記されたような怒りに荒れ狂う姿とは全く異なっている。

また、治承二年（一一七八）に成立した藤原俊成《としなり》の私家集『長秋詠藻《ちょうしゅうえいそう》』には、

崇徳院讃州にしてかくれさせ給ひてのち御ともなりける人のへんよりつたへて、かゝる事なんありしとて、折紙に御宸筆《ごしんぴつ》なりける物をつたへおくられたりしなり

として長歌を載せ、その反歌として、

夢の世になれこし契りくちずしてさめむ朝《あした》にあふこともがな（五八二）

の歌を載せている。これも、俊成に対してもう一度会いたいと詠っているものの、この世に対する恨み、ましてや怨念として呪うなどということは全く窺われない。

二、怨霊の虚実

後鳥羽院怨霊との関連

それでは、讃岐において実際は極楽往生を願って亡くなった崇徳院が、なぜ『保元物語』などでは怖ろしい姿で五部大乗経に祟る旨を記すといったような話が作られていったのだろうか。その背景には、『保元物語』がまとめられた一二三〇年代に大きな社会問題となっていた後鳥羽院怨霊の問題があったからに違いない。

後鳥羽院《ごとばいん》は承久《じょうきゅう》三年（一二二一）の承久の乱に敗れて隠岐《おき》へ流されたが、生存中から怨霊の存在が噂され、亡くなってからはますますその怨霊が意識されるようになった。そして後鳥羽院怨霊の鎮魂は、崇徳院怨霊の鎮魂が参考にされた。

承久の乱は、天皇と臣下との関係が破綻《はたん》を来《きた》したことに起因すると考えられており、その

後鳥羽天皇火葬塚（島根県隠岐郡海士町）

際、天皇と臣下との関係が破綻し始めた保元の乱のことが当然考慮されたはずである。武者の世となる転機は保元の乱による崇徳院讃岐配流にあり、それが承久の乱での後鳥羽院配流によって決定づけられたのである。『六代勝事記《ろくだいしょうじき》』において、承久の乱の顚末《てんまつ》を書き記すのに、あえて保元の乱から書き出しているように、承久の乱での後鳥羽院配流は、保元の乱での崇徳院配流と重ね合わされていた。

『保元物語』の崇徳院怨霊譚《たん》との関係で注目されるのが、嘉禎《かてい》三年（一二三七）八月二十五日の奥《おく》書《がき》をもつ、水無瀬《みなせ》神宮所蔵「後鳥羽院置文案《おきぶみあん》」である。置文案中の文言「この世の妄念にかゝはられて、魔縁ともなりたる事あらば、この世のため、障《さわ》りなす事あらんずらん」とは、迷いの心によって魔縁となったならば、怨霊となって祟ることを宣言している。そして、「我身にある善根功徳をみな悪道に回向《えこう》」することによって祟り、自らの子孫を皇位につけようとしている。これは『保元物語』で「五部大乗経ノ大善根ヲ三悪道ニ抛《なげうち》テ、日本国ノ大悪魔ト成ラム」（半井本）と誓った崇徳院の場合と酷似している。また、皇位に執着していることに関しては、「皇を取て民となし、民を皇となさん」（金刀比羅本）の記述と結びつく。

そして「魔縁」という語についても、「大悪魔」（半井本）「魔縁」（金刀比羅本）と共通するものである。この世に恨みを残し、配流地においての経典書写の善根を悪道に回向させて祟ろうとするというモチーフは、『保元物語』崇徳院怨霊譚と後鳥羽院の実像とで共通している。

後鳥羽院怨霊の発生と展開、鎮魂については、常に崇徳院のことが取りざたされて、ひとたび鎮まったかに見えた崇徳院怨霊が、後鳥羽院怨霊とからみあって、形を変えて再登場した。ここに崇徳院怨霊を描く『保元物語』を作りあげていく意義が生じたのである。後白河院が亡くなってから数十年が経ち、崇徳院怨霊が祟る直接の対象はすでになくなっていたが、人々の記憶の中にはまだその姿が克明に残っており、後鳥羽院の怨霊が意識されると再び頭をもたげ、崇徳院の場合を参考にさまざまな対応がとられた。そのため、崇徳院の怨霊について虚構を交えて『保元物語』を作成することも意味をもった。

崇徳院は実際には、讃岐配流後、後生の菩提を祈念して和歌を詠むなどの静かな暮らしを送ったと思われるが、『保元物語』では、この世に恨みをもって五部大乗経を血書して、生きながらに天狗の姿となり、生霊となって平治の乱を巻き起こし、亡くなってからはますます怨霊として猛威をふるったとしている。これは後鳥羽院が置文で「魔縁」となることを誓い、生前から院の生霊が噂され、亡くなってからはますます怨霊の活動が顕著になったことと酷似している。『保元物語』が作成されたのは、このような後鳥羽院の怨霊が跳梁《ちょうりょう》している時期であったので、これをもとに崇徳院怨霊の「虚像」が創造されたのではないだろうか。

崇徳院怨霊の「発生」

それでは、実際に崇徳院怨霊がどのように認識されていったのか見ていきたい。保元の乱後しばらくは、後白河院にとって崇徳院は罪人であり、その存在は無視された。しかし、相次ぐ天変地異や後白河院の周辺人物の死に対して、寺院・神社での祈禱《きとう》では終息させることができず、怨霊を意識せざるを得なくなっていった。

『愚昧記《ぐまいき》』安元《あんげん》三年（一一七七）五月十三日条からは、安元三年の前年つまり安元二年から崇徳の怨霊が意識されていたことがわかる。安元二年には、後白河院の周辺の人物が相次いで亡くなった。六月十三日には、鳥羽院と美福門院得子《なりこ》との間に生まれ、二条天皇の中宮となった高松院姝子《たかまついんよしこ》が三十歳で亡くなり、七月八日には、後白河天皇の女御で、高倉《たかくら》天皇の生母である建春門院《けんしゅんもんいん》平滋子《しげこ》が腫物に悩まされた末に三十五歳で亡くなり、後白河天皇の孫、二条天皇の子で、三歳で即位し五歳で退位した六条院《ろくじょういん》が、七月十七日にわずか十三歳で亡くなっている。さらには、藤原忠通の養女で、近衛天皇の中宮となった九条院呈子《くじょういんしめこ》が、八月十九日に四十六歳で亡くなった。『帝王編年記《ていおうへんねんき》』ではこうした状況を「已上《いじょう》三ヶ月の中、院号四人崩御す。希代の事なり」と記しており、後白河天皇周辺の人物や、頼長と敵対した忠通に関連する人物が相次いで亡くなったことに後白河天皇は大変衝撃を受けたであろう。こうしたことがきっかけとなって崇徳院の怨霊が意識されることになったと思われる。そして、怨霊の存在を決定づけたのが、安元三年のできごとだった。

四月十三日に比叡山の大衆《だいしゅ》が神輿《みこし》を振りかざして洛中《らくちゅう》へ乱入したところ、神輿に矢が射立てられ、神人《じにん》らが数多く射殺され、おめき叫ぶ声が響き渡るということがあった。この事態を受けて九条兼実《くじょうかねざね》は、仏法・王法も滅びてしまう世の末の到来を感じ、天魔の所為であると記している。そして、四月二十八日に起こった太郎焼亡《たろうしょうぼう》と呼ばれる大火災では、大極

「ひとくい地蔵」と呼ばれる崇徳院地蔵（京都市左京区）

殿以下八省院はすべて焼失し、京中は死骸があちこちに転がるという悲惨な状況となった。『方丈記《ほうじょうき》』では、鴨長明《かものちょうめい》が物心ついてから四十年あまりの月日がたつうちに、世の中でたびたび予想もしないことが起きることとなったと記し、その一番最初に安元三年の火災のことを述べ、世の無常を知り『方丈記』を記すきっかけとなっている。

このような事態を受け、『愚昧記』安元三年五月九日条には、最近相次いで起こる事態が崇徳と藤原頼長の祟りによる疑いがあり、それを鎮めることは非常に重要なことであると左大臣経宗《つねむね》は九条兼実に述べている。以降繰り返して、両者の怨霊について議論されている。

こうした崇徳院怨霊の存在を語っていったのは藤原教長《のりなが》であったようである。教長は崇徳天皇のもとで蔵人《くろうど》として活躍し、崇徳天皇内裏歌壇に頻繁に参加しており、頼長との親交も厚かった。保元の乱の際には崇徳方に与し、乱後は出家したが捕らえられて常陸国信太《しだ》の浮島《うきしま》に流されたものの、応保《おうほう》二年（一一六二）三月七日に召し返され、帰洛後は崇徳の同腹弟である仁和寺紫金台寺御室《しこんだいじおむろ》覚性、さらには崇徳院と三河権守《みかわごんのかみ》師経《もろつね》の娘との間に生まれた子である元性《げんしょう》とも交流をもち、元性に『古今集』の進講もしている。五部大乗経の存在が語られたのも元性のところであったことからもわかるとおり、保元の乱で崇徳側に与した人々の間で、崇徳の復権、さらには自らの復権を行うために、怨霊の存在を語っていったのではないだろうか。ちょうどそのとき社会は不安定で、その原因を何かに求めたいという状況であった。そのため、最初は取り合わなかった後白河院も、ひとたび怨霊の存在を信じるとそれにおびえ、院主導で種々の対応が講じられていったのである。

怨霊の鎮魂

安元三年（一一七七）には崇徳院と頼長をどのように鎮魂したらよいかしばしば議論され、崇徳院の名誉回復がはかられた。八月三日にはそれまでは「讃岐院」と呼ばれていたものを

「崇徳院」と改め、頼長には贈官贈位が行われた。非業の死を遂げた天皇に対して「徳」の字のつく諡号《しごう》を付すことによって、鎮魂がはかられた。こうしたありかたは、崇徳・安徳《あんとく》・顕徳《けんとく》（後鳥羽）・順徳《じゅんとく》といったこの時期怨霊と化した天皇に対して共通して施された対応である。

そして、崇徳院によって建立された成勝寺で国家的祈禱が行われたほか、讃岐の崇徳院墓所が整備されて山陵とされ、国家によって追善供養が行われた。崇徳院への対応は崇道《すどう》天皇（早良《さわら》親王）の例に倣《なら》って執《と》り行われた。そしてさらには神祠を建立して神霊を祀ることも議されている。頼長については、贈位贈官が行われて、名誉を回復させようとし、墓を探してそこに堂舎を建立して法華三昧を行うことによって菩提を弔おうとした。

寿永年間（一一八二―八四）には、崇徳院怨霊に対して立て続けに対応がとられていく。五部大乗経の存在が語られていくのもこのときであった。寿永二年（一一八三）十二月二十九日には、神祠を保元の乱の時に崇徳院の御所があった春日河原（京都大学医学部附属病院敷地）に建立することが決定され、翌年四月十五日に造立《ぞうりゅう》が成った。崇徳院廟《びょう》が西側に、頼長廟が東側に並び立ち、檜皮葺《ひわだぶき》で鳥居はなく、外郭は築地塀《ついじべい》で取り巻かれ、門が立っていた。御神体は崇徳院の御遺物《ごゆいもつ》である普賢《ふげん》菩薩が鋳付けられた八稜鏡《はちりょうきょう》となったようである。両廟

崇徳天皇御廟（京都市東山区）

はのちに地名から粟田宮《あわたのみや》と呼ばれるようになった。

　また崇徳院の寵愛《ちょうあい》を受けた烏丸局《からすまのつぼね》が、綾《あやの》小路《こうじ》河原の自宅に私的に崇徳院御影堂を建立し供養を行っていたが、それが次第に公的な性格を持つようになった。綾小路河原とは建《けん》仁寺《にんじ》の北西一帯をさすが、現在では建仁寺の東、歌舞練場の敷地の裏側に「崇徳天皇御廟」と刻まれた石柱が建てられており、その中には小さな墳丘がある。御影堂には崇徳院の御影が安置されていたが、その写しと考えられるものが六波羅蜜寺《ろくはらみつじ》と白峯《しらみね》神宮に残されている。さらには、御骨が分骨されて高野山に納骨され、菩提が弔われた。

　崇徳院廟が建立されて以降は、しばらく怨

赤間神宮（下関市阿弥陀寺町）

霊に関する記事は見られないが、後白河院が崇徳院怨霊をよりいっそう強く認識したのは、建久《けんきゅう》二年（一一九一）院が病に冒されたときであった。このときは長門《ながと》に安徳天皇を供養するための御影堂が建立されたのとともに、讃岐の崇徳院陵にも御影堂が建立されて御陵の整備が行われた。

安徳天皇は元暦《げんりやく》二年（一一八五）三月二十四日、わずか八歳で平家一門とともに壇《だん》ノ浦《うら》に身を投げ、神璽《しんじ》・宝剣とともに海底へ沈み、その怨霊は平家の怨霊とともに意識され、鎮魂のために阿弥陀寺《あみだじ》（現赤間《あかま》神宮）が建立された。そして、琵琶《びわ》法師は『平家物語』を語り、安徳天皇と平家の鎮魂を行った。崇徳院怨霊は安徳天皇や平家の怨霊とも重なり、その鎮魂は国家の急務となっていた。

怨霊の鎮魂は、後白河院にとって、自らの正当性を確認し、王権を維持していく上で欠くべからざる儀式であった。崇徳院怨霊は、その出発点は、保元の乱における崇徳院と後白河天皇という個人的対立にあったが、その鎮魂は王権維持のために絶対的意味をもつものとして、為政者にとっての急務の命題となり、源頼朝による鎮魂もなされた。例えば、『吾妻《あずま》鏡《かがみ》』文治《ぶんじ》元年（一一八五）九月四日条では、頼朝は七月に起こった大地震を崇徳院怨霊によるものと考え、勅使大江公朝《おおえのきんとも》の帰京にあたって、後白河院に対して、崇徳院の御霊を崇《あが》めるべきであることを申し伝えている。

崇徳院怨霊の視覚化

半井本『保元物語』「新院血ヲ以テ御経ノ奥ニ御誓状ノ事付崩御ノ事」で、崇徳院が天狗の姿になったことが記されていることは前にも述べたが、崇徳院と天狗との関係は、延応《えんのう》元年（一二三九）五月十一日、九条道家《みちいえ》が発病した際にさまざまの祈禱が行われ、親交のあった西山法華山寺《にしやまほっけさんじ》僧慶政《けいせい》も道家の住む法性寺《ほっしょうじ》に赴いたところ、邸内の女房に霊が憑《つ》いて比良《ひら》山《さん》大天狗と名乗り、慶政と三度にわたる問答をした記録『比良山古人霊託《ひらさんこじんれいたく》』にも記されている。

それによれば、道家に病気を起こさせた霊気の天狗は、崇徳院にそそのかされて力を得たことにより悪の力を発揮したのだという風聞があるが、霊気は毒蛇にこそなりはすれ、天狗にはならない、崇徳院と結んだという話は、ともに現世に恨みを持って亡くなったため、そのような説が生まれたのだとしている。

『愚管抄』によれば、天狗とは霊魂の一種であって、野干《やかん》（狐の異名）と同様に人に憑依して人々の想像を超えた行為をさせると考えられていた存在であった。一方、怨霊とは、祟る人と祟られる人との相関関係を人々が了解している場合のことを言い、天狗は原因がわからず、ある人が常軌を逸脱した行動をとった場合、天狗が乗り移ったと認識されたのであった。天狗は仏教に障碍《しょうがい》をなすこともあった。

天狗像は山伏《やまぶし》の姿をもとに形成されていったとされているが、天狗と化した崇徳院もそのような姿で描かれている。崇徳院が天狗となった姿は、海北友松《かいほうゆうしょう》の作とされるスペンサー本B『太平記絵巻』雲景未来記《うんけいみらいき》に口先が尖《とが》って翼を持った金の鵄《とび》の姿で描かれており、画中の詞書《ことばがき》には崇徳院が天狗と化し、この世に恨みを残して亡くなっていった天皇・武士・僧たちとともに天下を乱す評定《ひょうじょう》を愛宕山でしており、崇徳院はその中で長たる存在だったこ

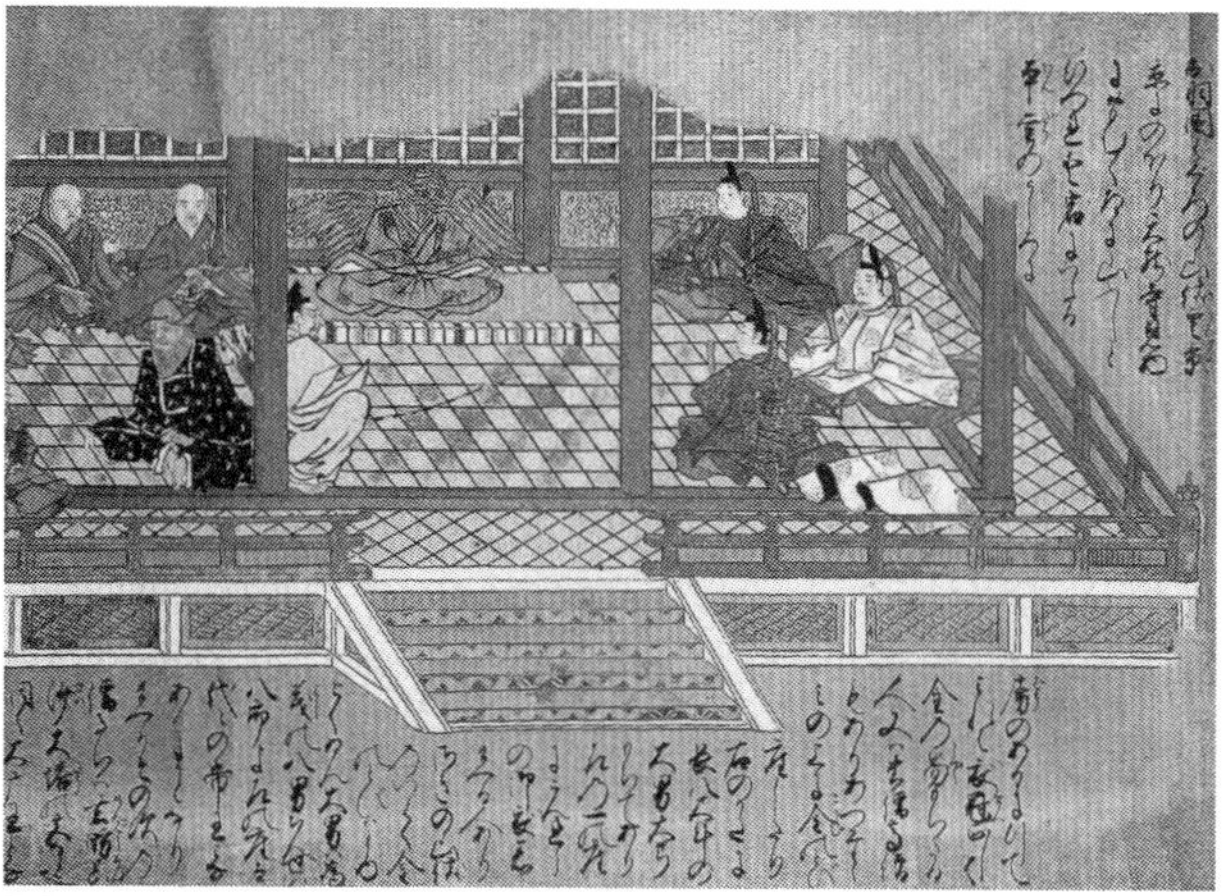

『太平記絵巻』雲景未来記

とが注目される。

宮内庁書陵部には建久四年（一一九三）八月十一日の「崇徳院御託宣」と題する巻子本《かんすぼん》が蔵されており、そこには興味深い内容が記されている。崇徳院は亡くなった後に天狗道に落ち、天皇だったにもかかわらず、菅原道真や藤原広嗣《ひろつぐ》ら亡くなって後に神号を授かった人物よりも末座に位置づけられたので、常に怒って無念の日々を過ごしていた。それが今、大明神の号を授けてもらったので、たちまちに魔境の猛苦を離れて神々の上座に着いて、みな崇徳院に給仕するようになった。崇徳院は無上界の神となったので、鬼道を心のままに召し使うことができる。魔界魔道の衆議を聞いていると、日本国の帝王の子孫を絶って蒙古《もうこ》国から主を招き寄せて、天狗道を盛んにさせようとのことである。しかし崇徳院は大明神となった嬉《うれ》しさで、神々を集めて現在の帝王の子孫を長く保たせるよう懇望した。それに対して、魔界の決定を変更することはできないが、どうしてもということなので、今の治世は十年余は保たせ、その後海外に遷幸《せんこう》させ、傍流を帝位につかせて、今後はこの一流のみを帝位につかせようとのことであった。崇徳院と頼長と為朝の再度の懇望によって、しばらくの間王威を減じて臣下に政治をとらせ、百年くらいたったら改めて滅ぼすことにしようということになった。このように崇徳院が鬼類を宥《なだ》めても、末代の天皇がこのことを忘れて神道を疎《おろそ》かにしたならば、朝家はたちまちに廃《すた》れてしまうだろう、ということが記されている。

崇徳院が九万八千五百七十二の神とその眷属《けんぞく》である九億四万三千四百九十二の鬼類の頂点に立っていることが当然のごとく記されているのは、それだけ崇徳院の霊力が強烈に印象づけられていたからであり、『太平記絵巻』に描かれる天狗の長としての崇徳院像とつながるものである。崇徳院の讃岐配流と崩御は武者の世の到来と結びつけられていたため、その怨念は非常に強いとみなされ、冥界を司《つかさど》る存在として崇徳院の天狗が最上位に位置づけられることになった。

三、江戸時代の崇徳院怨霊

生き続ける崇徳院の怨霊

室町・江戸時代は、現実として崇徳院の怨霊が意識されることはなかったが、『保元物語』『太平記』の影響を受けて、謡曲『松山天狗《まつやまてんぐ》』、狂言『讃岐院《さぬきいん》』、上田秋成《うえだあきなり》『雨月《うげつ》物語』、曲亭馬琴《きょくていばきん》『椿説弓張月《ちんせつゆみはりづき》』などが著され、崇徳天皇の怨霊は江戸時代には広く知られるところとなった。

安永《あんえい》五年（一七七六）に刊行された『雨月物語』巻之一「白峯《しらみね》」では、『撰集抄《せんじゅうしょう》』に基づき、西行が讃岐の崇徳院の墓を訪れ、怨霊となっている崇徳院に対して歌を詠んだところ、心が和らいだことを記す。

『雨月物語』はさまざまな作品に影響を与えた。十九世紀初頭に刊行された曲亭馬琴作・葛飾北斎《かつしかほくさい》画の読本《よみほん》『椿説弓張月』は『保元物語』をもとに源為朝について描いているが、その中で崇徳院は怨霊となって登場し、為朝が危機に瀕《ひん》したときに救いに現れている。

『雨月物語』白峯

浮世絵でも崇徳院怨霊を描いた作品が相次いで制作された。江戸末期を代表する浮世絵師である歌川国芳《くによし》は「百人一首之内　崇徳院」において、髪を逆立てて波間で怒りに荒れ狂う崇徳院をみごとに描いている。

また、国芳は『椿説弓張月』から題材をとり、「讃岐院眷属をして為朝をすくふ図」を描いた。鎮西八郎《ちんぜいはちろう》源為朝は、平清盛を討つために九州から舟に乗って京へ向かった。その途中で暴風に遭い、妻の白縫姫《しらぬいひめ》は荒波を鎮めるために海に身を投じた。悲観した為朝は切腹しようとするが、崇徳院の命を受けた烏天狗が現れて救う。そこに現れた巨大な鰐鮫《わにざめ》の背中に乗って、子供の舜《す》天丸《てまる》と忠臣の紀平治《きへいじ》が現れ、皆は鰐鮫の背に乗り琉球《りゅうきゅう》に逃れるという場面である。

そして、歌川国芳の門弟である芳艶《よしつや》は、安政《あんせい》五年（一八五八）に『為朝誉十傑』「白縫姫崇徳院」を描いたが、これも『椿説弓張月』をもとに、為朝の妻である白縫姫が、讃岐に流罪となった後に魔道に堕《お》ちて天狗となった崇徳院に会う場面を描いた。

歌川国芳「百人一首之内　崇徳院」

一方、江戸時代の崇徳天皇陵は、永禄《えいろく》六年（一五六三）四百回忌には行空《ぎょうくう》（前関白《さきのかんぱく》九条植《たね》通《みち》）による三十首和歌奉納、寛文《かんぶん》三年（一六六三）五百回忌には松平頼重《まつだいらよりしげ》による奉修、宝暦《ほうれき》十三年（一七六三）六百回忌には松平頼恭《よりたか》による和歌奉納のほか石《いし》灯籠《どうろう》一対の奉献、文化《ぶんか》十年（一八一三）六百五十回忌には仁和寺総法務宮の教示の下に松平頼儀《よりのり》による奉修が行われていた。そして文《ぶん》久《きゅう》三年（一八六三）は七百回忌にあたっており、松平頼該《よりかね》による奉修が行われ、勅使門が造立された。このときは、どのくらい皇室尊崇の念を有するものがあるかと、当日参詣した藩士の有志者を数えさせたという。

ところで、配流地であった直島および坂出において数々の崇徳院伝説とそれに関わる「史跡」が創られていったことも特徴的な点である。直島の伝承地は、領主であった高原氏改易《かいえき》という事態に直面したときに、仕えていた三宅《みやけ》氏もともに処罰されそうになったが、三宅氏は崇徳院とともに京都からやってきて、院との間に生まれた重行《しげゆき》を祖とする「由緒正しき」家柄であり、院によって直島の支配を認められたのであって、高原氏がそれを「押領《おうりょう》」したのだと主張することにより、直島にとどまって支配することを倉敷《くらしき》代官所に求め、それが認められて大庄屋となった。そのとき提出されたのが「崇徳院院宣」や直島における崇徳院の由緒を語る『故新伝《こしんでん》』だった。『故新伝』をまとめるにあたっては、古老の伝承や三宅氏自身による解釈なども含め、新たな伝承地が「創造」されたのではないだろうか。

坂出でも江戸時代になって伝承地が増えてくる。延宝《えんぽう》五年（一六七七）に編纂された『玉《たま》藻集《もしゅう》』では崇徳院関連の遺跡が散見され、伝承の内容が細かく記されるようになるが、伝承地自体はそれほど増えておらず、細かな「史跡」はまだ創出されていなかったようである。それが宝暦五年（一七五五）二月の跋文《ばつぶん》をもつ『綾北問尋鈔《あやきたもんじんしょう》』になると、伝承の数が増えてより詳しく記されるようになる。

崇徳院社（青海神社《おうみ》）について、崇徳院を荼毘《だび》に付した際に、煙が降りてきたので「烟《けむり》の宮」と呼ばれるようになったことが記される一方、現在では崇徳院の遺体を野沢井《のざわい》から白峯山へ運ぶ際に棺《ひつぎ》を置き、そのとき棺を置いた石に血が流れたことから「血の宮」と呼ばれる高家《たかや》神社については、御鳳輦《ごほうれん》を置いた石があることを記しているが、まだ「血」に関する伝承は記されていない。置いた棺から血が流れ出したとする伝承は、『保元物語』などに記される崇徳院の血経から連想された、もっと後になって作成された伝承であろう。

また、崇徳院が最後に滞在したとされる鼓岡《つづみがおか》の付近には内裏泉《だいりせん》があって、崇徳院に奉る品を清めた泉とし、この水を汲むと眼を患うといって汲まないという伝承があることを記している。しかし、崇徳院の息子の墓とされる菊塚《きくづか》や、崇徳院が使用した食器を埋めたとされる盌塚《わんづか》の記述はない。

さらに、崇徳院が讃岐に配流された際に、御所がまだ建造されていなかったため入ったとされる在庁官人綾高遠《あやのたかとお》の松山の御堂とされるのが、長命寺《ちょうめいじ》すなわち雲井御所であるが、『綾北問尋鈔』が編纂された当時は洪水により流失して何も残っておらず、付近は田となっていた。それを天保《てんぽう》六年（一八三五）に整備したのが第九代高松藩主松平頼恕《よりひろ》で、これにより「雲井御所」が確定されて、そこには石碑が建てられることになった。

『綾北問尋鈔』の著者本條貴傳太《ほんじょうきでんた》は坂出市西庄町《にしのしょうちょう》の大庄屋であった人物で、本書をまとめるにあたって古老に物語を尋ねてまわっているが、その際真贋《しんがん》とり混ぜたさまざまな伝承が入り込むことになったのだろう。そしてそれが書き残されるようになると、「伝承」が「定説」として確立し、さらなる伝承を生んでいったと推測される。

江戸から明治へ

崇徳院が保元の乱によって讃岐に流されて以降、世は武者の世に転換した。江戸中期になると、早くも王政復古のために何をなすべきかということが探求された。山崎闇斎《やまざきあんさい》に学んだ後西《ごさい》天皇の皇子八条宮尚仁《はちじょうのみやなおひと》親王は、王政が衰微して権勢が武門に帰した原因を尋ね、それに答えたのが、正徳《しょうとく》六年(一七一六)に刊行された、水戸彰考館《みとしょうこうかん》総裁である栗山潜鋒《くりやませんぽう》の『保建大記《ほうけんたいき》』であった。そこでは、保元の乱、平治《へいじ》の乱、源平の内乱を経て鎌倉幕府が設立されて武家に政権が渡り、天皇から武家への政権の移り変わりの根本を明らかにすることによって、皇国の忠孝の道を探ろうとしている。こうした動きは幕末になるとさらに明確となり、保元の乱以降武家に政権が渡り、いまだに天皇のもとに戻ってこないのは、保元の乱で流された崇徳天皇の怨霊が原因であるという説が神道家の中から唱えられた。その結果、配流された他のどの天皇よりも崇徳天皇の神霊還遷《かんせん》のことが問題となり、明治改元に合わせて、京都に白峯宮が建立されて神霊の還遷が行われた。

平田篤胤《ひらたあつたね》によって文政《ぶんせい》二年（一八一九）にまとめられた『玉襷総論追加《たまだすきそうろんついか》』では、朝廷の権威が衰えて武家の世に移ったのは、崇徳天皇の怨霊のためであり、神霊を祀る粟田宮が、現在ではその場所もわからなくなってしまっていることを嘆いている。そして、世の乱れている今だからこそ祭祀を復興すべきことを説いている。篤胤のこの言説は、崇徳天皇神霊還遷につながる原点として注目すべきものである。

崇徳天皇の神霊を京都へ奉遷しようとする動きは、尊皇の志士中瑞雲斎《なかずいうんさい》という人物によって具体的行動に移された。中瑞雲斎は、保元・平治の乱以後政権は武士の手に渡り、朝廷は衰微してしまっている、その原因は崇徳天皇が保元の乱によって讃岐に配流され、天皇の怨霊が鎮魂されていないためであり、王政復古をして幕府を支配下に置こうとするのならば、神霊を京都に戻して鎮魂しなければならないとして『窓逎獨許登《まとのひとりごと》』にまとめ、朝廷に提出した。朝廷の方でもこの進言を受諾し、天皇の神霊を京都に戻すことにした。

当初は粟田宮の再興により崇徳天皇の神霊を慰めようとしていたが、次第に京都に新たに祠廟《しびょう》を建立するという方向に転換し、最終的には現在の白峯神宮の地である今出川通《いまでがわどおり》小川西入る北側の飛鳥井雅典《あすかいまさのり》の拝領地を召し上げて崇徳院御社を建立することになった。

慶応《けいおう》二年（一八六六）十一月十六日には木作始《こつくりはじめ》の儀が行われ、造営が進んでいたが、十二月二十五日、孝明《こうめい》天皇が突然亡くなったことにより、工事は一時中止されることになった。慶応四年になると造営が再開され、崇徳天皇の忌日である八月二十六日に白峯で式典が挙行され、当日は時ならぬ激しい雨が降り続いた。そのときの祝詞では、天皇と朝廷とを末永く守り、奥羽《おうう》の旧幕府軍を鎮圧し、天下安穏となるように守護してもらうことが祈願された。

そして、御霊代《みたましろ》として御遺真影と自愛の笙《しょう》とが神輿《みこし》に納められ、船で室津《むろつ》・姫路《ひめじ》・加古川《かこがわ》・明石・西宮《にしのみや》・大坂を経由し、九月五日伏見《ふしみ》に到着したが、途中沿道の人々が献上物を届けるなど、あたかも天皇の行幸《みゆき》と同様のようであった。そして九月六日に白峯宮に神霊が還遷した。そのときの「尊霊著御祝詞」では、旧幕府軍の討伐を意識しているのとともに、明治天皇の大御稜威を世界に輝かせた新政府の建設を崇徳天皇の神霊に祈願し、九月八日に元号は明治に改められた。

崇徳天皇の神霊還遷が行われたのならば、他の京都以外で亡くなった天皇の神霊還遷も行われるべきであるとして、明治六年八月十四日に後鳥羽・土御門《つちみかど》・順徳天皇神霊還遷が決定され、九月二十八日には、天平宝字八年（七六四）の藤原仲麻呂《なかまろ》の乱後、淡路に流された淡

白峯神宮（京都市上京区）

路廃帝淳仁《じゅんにん》天皇神霊還遷が決定されて白峯宮に合祀された。

武家のもとに渡った政権を天皇のもとに取り戻し、倒幕を行い国を鎮めていくためには、保元の乱で讃岐に流され、この世に恨みをもって亡くなっていったとされる崇徳院の怨霊を鎮魂することが、欠かすことのできない儀礼であった。鎮魂は極めて政治的な儀礼であり、崇徳院讃岐配流が武家政治への転換と関連づけられていたからには、神霊を呼び戻すことによって武家政治の終焉《しゅうえん》を招来せねばならなかったのである。

さらには、明治維新という未曽有《みぞう》の改革を実行していくためには、単に政治的諸政策を行えば事足りるわけではなく、精神面からも大きな変革を遂行していくことが必要とされた。そのため、崇徳院怨霊を鎮魂し、京都で安らかに眠ってもらうことによって、国家守護の役割を果たすことが期待されたのであった。

第六章　怨霊から霊魂文化へ

一、中世の怨霊

鎌倉の勝長寿院と永福寺

崇徳院《すとくいん》以降、どのような怨霊《おんりょう》が現れたのか通覧してみよう。源頼朝によって作られた鎌倉という都市には、外から迫り来る怨霊から守る装置が配置されている。鎌倉の四周には、頼朝の入部以前に東南に八雲《やくも》神社（祇園天王社《ぎおんてんのうしゃ》）、東北に荏柄天神社《えがらてんじんしゃ》、西南に坂ノ下御霊《さかのしたごりょう》神社、西北に佐助稲荷《さすけいなり》が祀《まつ》られていた。幕府はさらに大倉御所のまわりに、鶴岡八幡宮《つるがおかはちまんぐう》・勝《しょう》長寿院《ちょうじゅいん》・永福寺《ようふくじ》を建立《こんりゅう》して神仏による守護を願った。

勝長寿院は、非業《ひごう》の死を遂げた父義朝《よしとも》の菩提《ぼだい》を弔うために建立された。頼朝の父義朝は、平治《へいじ》の乱に敗れて尾張国《おわりのくに》知多《ちた》郡に逃れ、野間《のま》の内海庄司《うつみのしょうじ》長田忠致《おさだただむね》を頼って、その保護により東国へ赴こうとしたが、平治二年（一一六〇）正月三日、忠致に謀殺《ぼうさつ》され、その首は京都に送られ、東獄門前の樹《き》にかけられた。文治《ぶんち》元年（一一八五）、頼朝は義朝の首を迎えて九月三日に義朝の郎従鎌田正清《かまたまさきよ》の首とともに南御堂《みなみみどう》（勝長寿院）に埋葬した。頼朝は無念の死

永福寺跡（鎌倉市二階堂）

を遂げた父義朝の首を迎えて霊の鎮魂を行い、その功徳によって自らを守護してくれることを願って勝長寿院を建立したのであった。建《けん》久《きゅう》元年（一一九〇）七月十五日には、滅亡した平家の菩提を弔うために万灯会《まんどうえ》が行われている。

永福寺は奥州藤原氏初代清衡《きよひら》創建の平泉《ひらいずみ》中尊寺《ちゅうそんじ》にある二階大堂と呼ばれている大長《だいちょう》寿院《じゅいん》を模して建立された。その目的は、奥州合戦によって亡くなった数万の人々の怨霊をなだめ、生死《しょうじ》を繰り返す迷いの世界である「三有《さんう》の苦果」から救うことにあった。そして奥州藤原氏の怨霊の力により幕府を守らせようとしたのである。一方平泉でも清衡・基《もと》衡《ひら》・秀衡《ひでひら》の遺骸が安置される中尊寺金色堂《こんじきどう》を覆堂《おおいどう》で覆い、金色堂の光を隠蔽《いんぺい》して怨霊を封じ込め、金色堂に宿る怨霊の恐ろしい視線を遮ろうとした。

後鳥羽院

鎌倉時代に登場した怨霊の中で、社会に大きな影響を及ぼしたのが後鳥羽院《ごとばいん》（一一八〇―一二三九）の怨霊である。承久《じょうきゅう》の乱によって隠岐《おき》に流された後鳥羽院は、生前から生霊《いきりょう》の存在が取りざたされた。そして、後鳥羽院は怨霊となって祟《たた》ることを宣言する文書を残して亡くなったことから、死後のさまざまな災変は後鳥羽院怨霊と関連づけられることになった。そのため、延応《えんおう》元年（一二三九）二月二十二日に亡くなって、隠岐で荼毘《だび》に付されて火葬塚《かそうづか》が築かれたが、遺骨は分骨されて、侍臣の藤原能茂《よししげ》が京都大原《おおはら》の西林院《さいりんいん》の御堂に安置し、そこには法華堂が建立された。また、後鳥羽院の遺言に基づいて、離宮の水無瀬殿《みなせどの》のあった水無瀬の地に、仁治《にんじ》年間（一二四〇―四三）に近臣の藤原信成《のぶなり》・親成《ちかなり》父子によって御影堂《みえいどう》が建立されて菩提が弔われた。

後鳥羽院怨霊の鎮撫《ちんぶ》は、崇徳院の例を参考に、「隠岐院」と呼ばれていた上皇に、「顕徳《けんとく》院《いん》」の名が贈られた。しかし、それにもかかわらず、後鳥羽院怨霊に起因すると考えられた天変地異や三浦義村《みうらよしむら》の頓死などが相次ぎ、北条泰時《やすとき》も悶絶《もんぜつ》しながら亡くなってしまい、鎌倉では怨霊による社会不安が増大していた。さらには四条《しじょう》天皇が殿舎で顚倒《てんとう》したことが原因で十二歳で亡くなったことにより、これも怨霊のせいだと人々は噂《うわさ》した。そのため、「顕徳院」の諡号《しごう》は故院の冥慮《みょうりょ》に適わないとして、「後鳥羽院」に再度改められた。

また、幕府も宝治《ほうじ》元年（一二四七）四月二十五日に、鎌倉鶴岡西北方山麓《さんろく》に後鳥羽院の御霊を勧請《かんじょう》して新若宮を建立した。この地に建立したのは、鎌倉幕府の宗教的中心である鶴岡八幡宮の神に後鳥羽院の怨霊をなだめてもらおうとしたからであろう。ここには佐渡に流された順徳院《じゅんとくいん》も合祀《ごうし》された。先にも述べたように、後鳥羽院の怨霊を参考に『保元《ほうげん》物語』で崇徳院の荒ぶる姿が描かれたのだろう。

『後鳥羽院御霊託記《ごとばいんごれいたくき》』は、鎌倉幕府を滅亡させ、後醍醐《ごだいご》天皇を隠岐へ迎えたのも、そして再び京都へ戻し、さらに吉野《よしの》へ移したのも後鳥羽院の怨念によるものだとする。室町時代に至るまで後鳥羽院怨霊のもつ強い力が恐れられ、後鳥羽院の神霊が祀られる水無瀬《みなせ》御影堂は、室町時代を通じて足利将軍からあつい崇敬を受け、その鳴動はとても恐れられたのであった。

北条高時腹切やぐら（鎌倉市葛西ヶ谷）

北条高時と護良親王

元弘《げんこう》三年（一三三三）五月二十二日、新田義《にったよし》貞《さだ》軍が由比《ゆい》ヶ浜《はま》から侵攻すると、鎌倉幕府第十四代執権北条高時《たかとき》は、北条家菩提寺の葛西ヶ谷《かさいがやつ》にある東勝寺《とうしょうじ》で一族・家臣らとともに自害し、鎌倉幕府は滅亡した。北条高時らの慰霊のために、足利尊氏によって鎌倉幕府執権の屋敷地跡に天台座主《てんだいざす》円観慧鎮《えんかんえちん》を開山として宝戒寺《ほうかいじ》が建立された。また、東勝寺のあった地の北方には「北条高時腹切やぐら」と呼ばれる場所がある。実際高時がここで自刃したのか確認することはできないが、ひっそりとしたやぐらは独特の雰囲気を醸し出しており、現在でも卒塔婆《そとば》が立てられて供養が行われるなど、鎌倉幕府の悲哀を感じさせる場所となっている。

また、大塔宮護良親王《おおとうのみやもりよし》（一三〇八－三五）のことも忘れてはならない。護良親王は後醍醐天皇の第三皇子で天台座主だったが、元弘の変で後醍醐天皇が挙兵すると、還俗《げんぞく》して参戦し、六波羅探題《ろくはらたんだい》を倒した。しかし、足利尊氏とはずっと対立関係にあり、後醍醐天皇やその寵《ちょう》姫阿野廉子《きあのやすこ》とも反目し、謀叛《むほん》の疑いありとして、建武《けんむ》元年（一三三四）十月に捕らえられ、鎌倉に配流《はいる》されて足利直義《ただよし》の監視下に置かれた。翌年七月、中先代《なかせんだい》の乱が起きて鎌倉が北条軍の手に落ちると、東光寺《とうこうじ》に幽閉されていた護良親王は、北条時行《ときゆき》に奉じられることを恐れた直義によって殺された。

『太平記』巻十三「兵部卿宮薨御事《ひやうぶきやうのみやこうぎよのこと》」にはその時の様子が具体的に記されている。護良親王は東光寺の土牢《どろう》に閉じ込められていたところ、淵辺伊賀守《ふちべいがのかみ》がやってきて太刀《たち》で護良親王の膝のあたりをしたたかに打った。護良親王は半年ほど牢の中でずっと座っていたため、足が思うように立たず、突っ伏した。起き上がろうとしたところ、淵辺が胸の上に乗りかかり、腰の刀を抜いて首を掻《か》き切ろうとした。そのとき護良親王は首を縮め、刀の先をぐっとくわえた。淵辺は刀を奪われまいと引っ張ったところ、刀の先が一寸ばかり折れてしまった。淵辺はその刀を投げ捨て、脇指《わきざし》を抜いて護良親王を刺し、髪をつかんで引っ張り上げ、首を掻き切った。明るいところに出て首を見てみると、刀の先がまだ口の中にとどまっていて、目はまだ生きているかのようであった。淵辺はこれを見て、このような首は主《あるじ》である足利直義には見せまいとして、藪《やぶ》の中へ投げ捨てて帰ってしまった。護良親王のお世話をしていた持《じ》明院保藤女《みょういんやすふじのむすめ》はこの様子を見て、あまりの恐ろしさと悲しさで、身がすくみ、手足が立たず座っていたが、しばらくして藪に捨てられた首を見たところ、皮膚はまだ温かく、目も閉じておらず、生きているかのようだったと記している。

こうした壮絶な亡くなり方は護良親王の怨霊の登場を想起させ、『太平記』にはそのことが記されている。また、明治二年（一八六九）には、東光寺跡に鎌倉宮が建立されて、護良親王の霊魂の鎮撫がなされたほか、山梨県都留《つる》市朝日馬場村の石船《いしふね》神社には護良親王のものとされる首級《しるし》が祀られ、横浜市戸塚区の王子神社は護良親王の首級を埋めた地に建立されたとする伝承をもつなど、怨霊が恐れられて鎮魂が行われた。

後醍醐天皇

そして、南北朝期に恐れられたのが後醍醐天皇（一二八八－一三三九）の怨霊だった。『太平記』巻二十一によれば、死去に際し後醍醐天皇は、自らの骨はたとえ吉野の苔《こけ》に埋もれても、魂は常に京都の内裏《だいり》を思い続けると誓ったという。そのため、通常天皇陵は南面してい

天龍寺霊庇廟（京都市右京区嵯峨）

るのに対し、如意輪寺《にょいりんじ》内にある後醍醐の陵墓である塔尾《とうのお》陵は北面している。そして、吉野から車輪のような光り物が都に向けて毎夜飛んでいき、それによりさまざまな悪い出来事が起こり、疫病が広まって苦しむ人が多く、直義も病に冒され、身心が衰弱したという。都の人々は吉野で亡くなった後醍醐天皇の怨霊を噂し、足利尊氏・直義も意識せざるを得なかった。

後醍醐天皇怨霊鎮魂のために、尊氏・直義の発願《ほつがん》により夢窓疎石《むそうそせき》が開山となって天龍《てんりゅう》寺《じ》が創建され、境内に後醍醐天皇の霊魂を祀る多宝院《たほういん》が建立された。そして、天龍寺を守護するための八幡神を祀る霊庇廟《れいひびょう》が建立されたときに、後醍醐天皇の霊魂が夢窓疎石の夢に現れ、建立してくれたことに感謝したとされている。

『太平記』や『太平記絵巻』にはそのほか、楠木正成《くすのきまさしげ》・新田義貞などまざまな怨霊が登場する。そこでは、怨霊が集合して対応を協議していたり、そうした姿が描かれたりするようになり、一方では恐れられているものの、他方ではそれを楽しんでいるような節も見られる。

また、能の世界では、世阿弥《ぜあみ》は「怨霊」という語の代わりに「幽霊」を用い、怖ろしくない「幽霊」を創作した。そして、他の方面においても次第に「怨霊」という語よりも「幽霊」が用いられることが一般的となり、それとともに怖い幽霊が誕生した。しかし、幽霊に対しては国家による対応はなされず、庶民の間で怖ろしいものとして江戸時代以降認識されていく。お岩さんなどがその代表例であるが、江戸時代にはさまざまな怪談話や幽霊画などが作られ、幽霊は現在に至るまで恐れられている日本文化の代表例の一つと言えよう。

室町時代には五山・十刹《じっせつ》の制度が整えられ、安国寺《あんこくじ》・利生塔《りしょうとう》が各地に設けられるなど、禅宗が国家からの庇護《ひご》を受けて日本各地に広がった。禅宗においては本来は霊魂の存在は否定され、ましてや怨霊は「幻妄」であったが、室町時代には禅宗が鎮魂の主流であった。そして、怨霊という思想よりも、怨親平等《おんしんびょうどう》という考え方に則《のっと》って鎮魂を行うというあり方が次第に大勢を占めるようになっていった。

室町時代までは、怨霊の存在が信じられて、災異の原因を怨霊に帰結させて国家的対応がとられることも少なくなかった。それと同様に、神社などで発生する「フシギ」な現象すなわち怪異が発生すると、神意を読み解くために朝廷に報告されて、先例が調べられたり卜占《ぼくせん》が行われたりして、その対処のために神社での祈禱《きとう》・奉幣《ほうへい》などが行われた。しかし、こうした怪異のシステムも戦国時代にはなくなっていく。

神観念の転換

戦国時代を境に神観念は大きく転換した。さまざまな現象の背後に神意の存在を感じ、さらなる災異が起きないよう神をなだめるという国家による神々への対応は行われなくなった。それと対照的に、豊臣秀吉、徳川家康といった国家の主導者に神号を与えて神として祀り、以降傑出した人物が神として祀られる先鞭《せんべん》となった。この現象は、相対的に神の地位が下がることにより人が神となることができるようになるのとともに、神に対する崇敬心が希薄になったことを意味しよう。戦乱が繰り広げられる中、神仏に祈願したとしてもその結果が変わるわけではなく、兵力の強弱、戦法の優劣によって勝敗が決定するという「合理的」な思考方法が優勢となるに従い、神仏に対する絶対的信頼心は希薄になっていったのではないだろうか。

芸能や芸術についても、戦国時代まではすべて宗教と切り離すことができない中で存在していたが、戦国時代以降はそれぞれ宗教と切り離されて独自の発達を遂げていったのである。例えば絵画一つとっても、神仏やそれにともなう行事を描いていたものが、『花下遊楽図屏風《かかゆうらくずびょうぶ》』のように、人間の姿や風景を描くようになっていくのである。それはあたかも西欧におけるルネサンスのようである。

人から神へ

一般的に、人を神とするのは、怨霊の場合を除いて、豊臣秀吉を豊国大明神として祀った戦国時代まで降《くだ》るとされている。しかしこれは国家が人を神として認定する場合であって、個人が私的に自分の祖先を神として祀ることは古くから行われていたものと思われる。

例えば、『続日本紀《しょくにほんぎ》』養老《ようろう》二年（七一八）四月乙亥《きのとい》（十一日）条には、大宝律令《たいほうりつりょう》撰定功労者の一人で筑後守《ちくごのかみ》・肥後守《ひごのかみ》をつとめた道君首名《みちのきみのおびとな》のことが記されている。彼は堤・池などを作って灌漑《かんがい》を広め、作物の収穫量を増やし、良吏として評価が高かった人物だが、亡くなった際に地元の人々は彼を神として祀ったのであった。

これは特に秀でた人物を神として祀った場合だが、民衆は自分の先祖を神として祀っていたことを示す史料もある。元亨《げんこう》四年（一三二四）に著された浄土真宗《じょうどしん》の僧存覚《ぞんかく》による『諸神《しょしん》本懐集《ほんかいしゅう》』では、自分の先祖を神として祠《ほこら》を作って祀る民衆の姿を指摘しており、そうしたあり方はかなり広範囲で行われていたと考えてよいだろう。

民俗事例においては、開発した先祖あるいは遠祖が屋敷神となったり、家代々の死者が屋敷神となったりしている事例が報告されている。そこでは、三十三年の弔い上げが済むと神になるとか、五十回忌、百回忌を過ぎると神として祀るといった地方もある。こうした事例がどこまで遡《さかのぼ》ることができるのか明確でないが、『諸神本懐集』の記述によれば、遅くとも鎌倉時代には民衆は祖先を神として祀ることを行っていたと言えるだろう。屋敷の一角に死者を埋葬する屋敷墓は上層農民を中心に鎌倉時代には始まっているようで、屋敷墓には土葬が多く、死者の魂はそこにあって、住居の近くで常に末裔《まつえい》を見守ってくれていると思われていたようである。

江戸時代の神道学者橘三喜《たちばなみつよし》（一六三五―一七〇三）は、

生れ来ぬ先も生れて住る世も死にても神のふところのうち

という歌を詠《よ》んでいる。生まれ来る前の世界も、生まれてきて住んでいる世界も、さらには死後の世界も、すべて神の住まわれているところの中なのだとしている。人の霊魂は神霊の世界の中で生きていると思われていたのである。

また、江戸時代の豊受《とようけ》大神宮の神官中西直方《なかにしなおかた》（一六三四―一七〇九）が詠んだ歌に、

日の本に生まれ出《いで》にし益人《ますひと》は神より出て神に入るなり

というものがある。人間の霊魂は神から授かったものであり、亡くなったら霊魂は再び神の、もとに帰っていくのだと詠んでいる。中西は、死後は魂が高天《たかま》の原の神のもとに安鎮することにより、この世もあの世も安楽であると説いた。こうしたことからもわかるように、神のあり方と人の霊魂のあり方とは緊密な関係にあったと言える。

さらには、江戸時代を代表する国学者の本居宣長《もとおりのりなが》（一七三〇―一八〇一）は、有名な『古事記伝』三十之巻で、人の霊魂の中には、黄泉《よみ》の国へ行くものもあれば、この世にとどまって幸いをもたらす場合や不幸をもたらす場合もあり、それは神と同様であるとしている。そ

して、その人の地位や心のあり方、強い弱いなどによって、この世への魂の残り方も変わってくるのであり、長い時間がたっても変わらずに盛んであって神となるものもあると述べている。

このような江戸時代の思想家の言説からしてみても、人は神のもとから生まれ、亡くなればまた神のもとへ帰っていくと考えられていて、人が神となることは特殊なことでなく、ごく普通のことだったということがわかる。また、十四世紀の天台僧慈遍《じへん》の著した『旧事本紀《くじほんぎ》玄義《げんぎ》』にも、「神則人魂也《かみはすなはちひとだまなり》」のように、神という存在は人の魂であると書かれていることから、中世以降、神と人との関係は近いものがあったと言えよう。

二、怨親平等の思想

「怨親平等」という語

それではここで、怨霊の考え方と密接な関係にある「怨親平等」思想について見てみたい。

中村元《はじめ》著『佛教語大辞典』（東京書籍、一九八一年）には「怨親平等」について、「敵も味方もともに平等であるという立場から、敵味方の幽魂を弔うこと。仏教は大慈悲を本とするから、我を害する怨敵も憎むべきでなく、我を愛する親しい者にも執着してはならず、平等にこれらを愛憐《あいれん》する心をもつべきことをいう。日本では戦闘による敵味方一切の人畜の犠牲者を供養する碑を建てるなど、敵味方一視同仁の意味で使用される」と説明している。

「怨親平等」という語は、五世紀に漢訳された『過去現在因果経』にすでに登場しているが、ここでは、すべての衆生《しゅじょう》に対して、信じているか信じていないかにかかわらず平等に施しを与えよという意味で使われている。また、日本においては、唐貞元《じょうげん》二十一年（延暦《えんりゃく》二十四年〔八〇五〕）の最澄の「伝教大師将来台州録《でんぎょうだいししょうらいたいしゅうろく》」や承和《しょうわ》二年（八三五）三月十五日の空海の『御遺告《ごいこく》』で用いられており、そこでは、仏法を信じているか信じていないのかにかかわらず、すなわちすべての者に平等であるべきだとの意味で用いられている。

一方、「怨親平等」という語は用いられないものの、敵味方関係なく供養するというあり方は、すでに奈良時代から見られる。天平宝字《てんぴょうほうじ》八年（七六四）の藤原仲麻呂《なかまろ》の乱の後、称《しょう》徳《とく》天皇は戦闘で亡くなった人々のために百万塔陀羅尼《ひゃくまんとうだらに》を建立して南都十大寺に寄進したが、これは亡くなった人をおしなべて等しく供養し、冥福を祈るためであった。

ただし、まだ「怨親平等」という言葉は用いられていない。最澄の高弟光定《こうじょう》による『伝《でん》述一心戒文《じゅついっしんかいもん》』には、怨によって怨に報いたのならば怨がとどまることはなく、徳によって怨に報いたのならば怨はそこで消えるとして怨霊に働きかけて鎮魂をはかっているが、怨霊の鎮魂に「怨親平等」の観念はまだ入っていないと言える。

そして、天暦《てんりゃく》元年（九四七）三月二十八日に朱雀《すざく》上皇は延暦寺講堂で承平《じょうへい》・天慶《てんぎょう》の乱における戦没者のための千僧供養を行っているが、藤原師輔《もろすけ》が奉じた願文の中に、「官軍に在りといへども、逆党に在りといへども、既に率土《そっと》と云ふ、誰か王民に非ざらん。勝利を怨親に混《こん》じて、以て抜済（救済すること）を平等に頒《わか》たんと欲《おも》ふ」（『本朝文粋《ほんちょうもんずい》』）という文言がある。ここには王土王民思想が見られ、王土である日本に住む人は逆賊であってもみな天皇の民である王民だとしている。そしてさらに、亡くなれば官軍・逆党すなわち親・怨の区別もなく、平等に苦しみからの救済がもたらされるとのことを祈願していることから、「怨」「親」の語句を用いて、戦闘で亡くなった後には敵も味方もなく成仏するよう祈願するようになってきていることがわかる。

頼朝から北条時宗へ

こうした為政者による戦没者の供養は、戦乱がしばしば繰り広げられた院政期以降盛んに行われるようになっていく。建久《けんきゅう》八年（一一九七）十月四日「源親長《ちかなが》敬白文」（但馬《たじま》進美寺《しんめいじ》文書〔『鎌倉遺文』九三七〕）によれば、源頼朝は全国に八万四千基の宝塔を造立《ぞうりゅう》し、保元の乱以来諸国で亡くなった人々の霊の鎮魂をしている。頼朝は、天に代わり王敵（平氏）を討ち、逆臣を平らげたが、これにより亡くなった人々は多数にのぼり、遺恨を抱いて亡くなった人もいる、怨をもって怨に報いたならば、怨はずっと断つことができない、徳をもって怨に報いたならば、怨を転じて親となすことができる、よって、八万四千塔をつくり、宝篋《ほうきょう》印陀羅尼《いんだらに》経を書写してその中に込め、諸国霊験の地において供養をし、討伐した人々を救おうとした。そして阿育王《あいくおう》（アショカ王）がインドにおいて多くの人を殺した罪を懺悔《ざんげ》するために八万四千塔を作って供養したことに則り、頼朝もその作善によって王法仏法ともに動揺している状況を鎮めようとした。

鎌倉時代における怨親平等の思想は、蒙古《もうこ》襲来の際に明確となった。鎌倉の円覚寺《えんがくじ》は無学《むがく》祖元《そげん》を開山、執権北条時宗《ときむね》を開基《かいき》として弘安《こうあん》五年（一二八二）に創建され、創建の意趣は、国家鎮護のためと二度に及ぶ元《げん》の日本襲来に際して亡くなった敵味方数万の魂の救済を行い、戦没者の菩提を弔うことにあった。時宗は一千体の地蔵をつくり円覚寺に納めたが、供養のときの祖元の法語には、我が軍と敵軍において亡くなった人々の「冤親《おんしん》悉《ことごとく》平等《びょうどう》」のためと述べられており、「怨親平等」という語が用いられるようになった。

また、現在仙台市宮城野区燕沢《つばめざわ》の善応寺《ぜんのうじ》境内に建てられている「蒙古の碑」は、弘安五年八月に祖元が碑文を作成し、弟子の清俊《せいしゅん》が建立したものとされる。碑文には、戦死した蒙古軍の亡魂を弔う旨が記されており、この碑も怨霊鎮魂のためではなく、死者の菩提を弔うために建立されたと考えられる。この思想は夢窓疎石《むそうそせき》による安国寺《あんこくじ》・利生塔《りしょうとう》に受け継がれていった。すなわち、禅宗によって「怨親平等」という考え方が定着したと結論づけることができよう。

室町時代

神奈川県藤沢市にある時宗の総本山清浄光寺《しょうじょうこうじ》（遊行寺）内に建てられている敵御方供養《てきみかたくよう》塔《とう》は怨親平等の思想を示すものとして著名である。応永二十三年（一四一六）前《さきの》関東管領《かんれい》上杉氏憲《うえすぎうじのり》は鎌倉公方足利持氏《もちうじ》に対して反乱を起こし、幕府が持氏を救援したことにより氏憲は敗れ去り、鎌倉雪《ゆき》ノ下《した》で自殺した。この乱は上杉禅秀《ぜんしゅう》の乱と呼ばれるが、双方の死者を弔うために塔が建立されて供養が行われた。また、時宗の徒は戦場において「陣僧《じんそう》」として活躍し、亡くなった人々に対して敵味方関係なく十念《じゅうねん》を授けて極楽浄土に赴かんことを祈念

遊行寺敵御方供養塔（藤沢市）

したことが知られているが、この行為も怨親平等思想に基づく供養と解釈できよう。

室町幕府の有力守護である山名《やまな》氏が滅ぼされた明徳《めいとく》の乱の供養においても怨親平等思想が見られ、さらには施餓鬼《せがき》との関連が見られる。この合戦について記した『明徳記』では、山名氏清《うじきよ》をはじめ合戦で亡くなった人々の亡魂を慰めるために足利義満《よしみつ》が相国寺《しょうこくじ》で法要を行ったことを記している。このとき幕軍の死者二百六十人余、敵方の名の知れた死者八百七十九人を数え、その他名の知れぬ者で亡くなった者は数知れずという状況で、南は四条のほとり、北は一条、東は西洞院《にしのとういん》・油小路《あぶらのこうじ》、西は梅津《うめづ》・桂《かつら》までの間、人馬の死骸が満ちて足の踏み場もないほどだったと記している。そして討ち取られた山名氏清らの首実検が行われた。その後、内野《うちの》の戦場跡では、夜毎《よごと》に武者の叫び声が聞こえ、夢か現《うつつ》かの区別もつかないほどであったため、人々は、敵味方で討ち死にした人々は死んでもなお怨みを抱き、合戦道の苦しみを受けてもがいていると感じたのであった。

そのため、南北朝の戦いにおいて亡くなった人々の供養を夢窓国師が尊氏に説いた例を参考に、義満は明徳三年（一三九二）相国寺で万部経会《まんぶきょうえ》を修することを発願し、自らは法華経七部を頓写《とんしゃ》し、五山の僧千人を集めて大施餓鬼を行い、山名氏清ならびに戦いに倒れた敵味方兵士の供養を行った。これにより天下の安泰、義満の御運長久がもたらされると人々は首をたれて値遇《ちぐう》の結縁《けちえん》を喜んだという。

引き続き応永《おうえい》八年（一四〇一）には北野社の社頭に、三十三間堂《さんじゅうさんげんどう》の二倍半という大堂が建立されて「北野経王堂願成就寺《がんじょうじゅじ》」と名づけられ、十日間にわたって万部経会ならびに経典書写などの仏事が行われ供養された。この行事は「北野経会」と呼ばれる京の最大行事だった。

高野山高麗陣敵味方供養碑
（和歌山県伊都郡高野町）

島津義久・義弘

怨親平等思想の発露としてよく知られているのは、高野山奥の院に建てられた高麗陣敵《こうらいじんてき》味方供養碑《みかたくようひ》である。この碑は慶長《けいちょう》四年（一五九九）薩摩《さつま》藩主島津義弘《しまづよしひろ》が、文禄《ぶんろく》・慶長《けいちょう》の役《えき》で亡くなった人々を敵味方関わりなく供養するために建立した。そこには、慶長二年八月十五日に、全羅道南原《ぜんらどうなんげん》における戦いで亡くなった大明国軍兵数千のうち、島津が討ち取った四百二十人、同年十月に慶尚道泗川《けいしょうどうしせん》における戦いで亡くなった大明人八万余人を自軍の死者三千余人とともに供養する旨が記されている。高麗陣敵味方供養碑は明治から大正時代にかけて博愛主義の表象として位置づけられ、日本の赤十字条約加入過程で重要な役割をになったとされている。

島津氏は高麗陣の前にも、天正《てんしょう》六年（一五七八）に大友宗麟《おおともそうりん》軍と島津義久《よしひさ》軍が日向高城《ひゅうがたかじょう》川原で激突した耳川《みみかわ》の戦いで、大友軍が敗走し、増水した耳川で多数の死亡者を出したことに対して、義久は高城主の山田《やまだ》新助有信《ありのぶ》に命じ、戦死者のために施餓鬼を行うとともに供養塔を建立した。これが「宗麟原供養塔《そうりんばるくようとう》」として知られるものである。供養塔には戦没した霊が苦しむことなく成仏することを祈願した文言が記されており、島津氏は戦没者の供養に対して熱心だったことがわかる。

日清・日露戦争

近世においては戦争がなかったため、怨親平等が明記された石碑などは存在していないが、仏教徒の著作には少なからず記述が見られる。そして、近代になると怨親平等思想が広く見られるようになる。はやくは西南《せいなん》戦争の際に怨親平等が唱えられていたことが確認できるが、日清・日露戦争のときには怨親平等の思想を広範囲に見ることができる。そして、敵に敬意を表することは武士道精神であり、戦争が終結したなら敵味方関係なく供養すべきだとされた。また、近代においては、天皇の仁慈のもと怨親平等を発揮すべきであるとされたところが特徴的である。

明治四十二年（一九〇九）日露戦争での勝利と日本軍戦没者慰霊のために旅順《りょじゅん》に白玉山表忠塔が建てられ、陸軍大将乃木希典《のぎまれすけ》（一八四九－一九一二）らが参加して慰霊祭が行われた。その前年には、亡くなったロシア兵の霊の鎮魂のため、二〇三高地の東側にある小案子《しょうあんし》山東麓《とうろく》にロシア正教風チャペルと顕彰碑をつくって慰霊祭が行われたが、このときも乃木希典は日本代表として参列している。

白玉山表忠塔
（『満洲写真帖』南満洲鉄道株式会社）

乃木は日露戦争旅順要塞攻撃で亡くなったロシ

ア人の慰霊のために、明治四十一年六月十日日露両国の代表者が参列して行われた「旅順陣《じん》殁《ぼつ》露軍将卒之碑」の除幕式に参加したり、旅順要塞攻撃の際に殉じた日本陸海軍将校下士卒の遺骨残灰の一部を合葬して英霊を慰めるために、明治四十一年三月三十一日に竣《しゅんこう》工され た旅順白玉山納骨祠や、日本軍戦殁者の英霊を慰めその威烈を千載に伝えるために、明治四十二年十一月二十八日に竣工式が行われた旅順表忠塔の建立にも深く関わっている。「旅順陣殁露軍将卒之碑」建立の意図は、戦時中は「仇敵《きゅうてき》」だったが戦後は「友邦者」となったのであり、自国に忠義を尽くし戦殁した「英霊」が存するのであるからもちろん敵国にも戦殁した「英霊」がおり、その遺屍《いし》が「無頼士民の徒」に冒瀆《ぼうとく》されないように改葬して弔い、その義烈を千載に伝えようとしたものであったとされている。

日中戦争

昭和六年（一九三一）の満州事変以降は、日中戦争での死者に対して怨親平等思想に基づく供養が一段と盛んに行われるようになった。それは、仏教を共通の思想に持つ中国との戦いであったため、中国人にも理解されやすいだろうと仏教界が考えていたという側面もあるが、宣撫《せんぶ》工作として国家の支援もあったために強調されるようになったという面が強い。

文部省や興亜院《こうあいん》の支援により行われた訪日使節団・訪中使節団とも、「日支親善」という名目のもと、怨親平等の法要を行った。そこには、怨親を超越した恩讐《おんしゅう》の彼方《かなた》に霊的提携ができるのであるという仏教的信念があったのであるが、仏教界の意図とは別に、政治的にも利用されることとなった。

陸軍大将を経て総理大臣になった小磯国昭《こいそくにあき》は、昭和十七年（一九四二）に発行された『観世音』という雑誌の中で、「日本精神と観音信仰」という文章を書いており、そこでは、「数年恐らく支那人は永く日本に対して怨みを構へるであらう。何とかしてこの怨を消す方法はないだらうかといふことを兼々考へ」、南京で発見された観音像を本尊として、亡くなった日本兵と中国兵の霊を合祀《ごうし》し、「日支親善」のために観音堂を建立したい旨記している。すなわち、政治的には、同胞を殺されたことによって巻き起こる中国人の怨みを鎮めるための手段と考えられており、戦争を正当化する論理とされていったのである。

そして、広く東アジアに浸透している慈悲の観音菩薩をもって、「興亜《こうあ》」の象徴としようとし、浅草寺《せんそうじ》に観音世界運動本部が設置され、浄仏国土を建設して、皇国の進運に寄与するための「観音世界運動」が推進された。さらには、昭和十九年には大東亜観音讃仰《さんぎょう》会も結成され、「大東亜諸地域ニ於《おい》テ観音信仰ヲ鼓吹《こすい》」することによって「興亜大業」を完遂させ、そのために観音霊場の顕彰や大東亜諸地域での観音三十三霊場の設定とともに、興亜観音堂または供養塔建設を助成する方針が打ち出された。

すなわち、大東亜共栄圏の建設にあたっては、官民挙げて、宗教的には観音菩薩による威光を敷衍《ふえん》して日本のさらなる拡大を目指し、思想的には怨親平等思想によって戦死者の鎮魂を行うことによって、生者の怨念が巻き起こることを鎮めようとしたと結論づけることができよう。

興亜観音の建立

こうした流れをうけ、太平洋戦争後の極東国際軍事裁判で、いわゆる「南京大虐殺」の責任を問われて処刑された陸軍大将松井《まつい》石根《いわね》（一八七八―一九四八）は、日中両軍戦没者の供養のため、昭和十五年（一九四〇）自邸のあった熱海《あたみ》に興亜観音を建立し、観音力により東亜の平和と繁栄を築こうとした。これは、怨親平等思想によって死者の供養をするばかりか、さらに生者を戦争に向かわすことにもなった。「建立縁起」では、「怨親平等」が明確に記されており、観音菩薩の力によって亡くなった人々の菩提を弔い、さらに東亜民族の救済を念じている。敵兵を弔っていたのは上官だけでなく、「中国無名戦死者之墓　大日本軍建之」

金剛寺の興亜観音（三重県尾鷲市）

という墓標を建て、兵卒の間でも広く行われた。

露座の興亜観音は常滑《とこなめ》の柴山清風《しばやませいふう》作で、高さ八尺、台座の高さ二尺五寸、陶製合掌像でこれは古来の観音像の型を破って、伸ばした五本の指は五族協和、合せた掌《てのひら》は東洋、西洋の一致を表して製作され、南京の方角に向けて建立された。

興亜観音は熱海のものが著名だが、新聞記事で興亜観音について報道されるや、怨親平等思想に共鳴した僧侶が自らの寺院にも興亜観音を建立したいとの希望を松井に申し出、松井はそれに対して快諾し、三重県尾鷲《おわせ》市の曹洞《そうとう》宗寺院金剛寺、富山県入善町《にゅうぜんまち》の浄土真宗養照《ようしょう》寺《じ》、奈良県桜井市蓮台寺《れんだいじ》に建立された。そのほか、南京国民政府汪兆銘《おうちょうめい》主席や上海玉佛寺《ぎょくぶつじ》、タイ国ピブン首相など外国に贈られた興亜観音もあった。

松井は尊敬する乃木希典に倣い、戦争が終わったら敵も味方もないとして、勇敢に戦った敵将もたたえて祀ったのであった。そしてそこには仏教思想の影響もあり、「怨親平等」を唱えるようになったと考えられる。彼の晩年は戦死者の冥福を祈ることに費やされたのであった。しかし、多大な被害を蒙《こうむ》った側からすれば、怨親平等思想を受忍するのに抵抗感があるのは当然のことである。

松井に限らず、第二次世界大戦後には、連合国側に捲土重来《けんどちょうらい》などということを絶対しないよう心に誓って、怨親平等思想に基づいて忍耐することが本当の光明の道であると真言宗管長だった斎藤隆現《りゅうげん》が説いている。また、一九九五年に沖縄県糸満《いとまん》市に建設された平和の礎《いしじ》では、世界の恒久平和を願い、国籍や軍人、民間人の区別なく、沖縄戦で亡くなった二十四万人余の氏名が刻まれて慰霊が行われるなど、怨親平等思想は現在に至るまで日本人に根づいている思想だと言えよう。

怨親平等の思想は、古代以来怨霊鎮魂の思想と重なり合いながら意識されてきた。しかし、怨霊という考え方が次第に薄くなっていく一方で、戦乱等で亡くなった人々の慰霊のあり方として、怨親平等思想が日本人の思想として優位を占めてきたと結論づけることができる。この考え方は、敵は死んでも敵であり、憎み続けるべき存在だとみなす思考とは相異なるものである。

近代の霊魂文化へ

日本の文化は「霊魂の文化」と言ってもよいくらいに霊魂に関わる事物が多い。明治後期から大正時代にかけては、西欧からの影響を受けて民衆の間でも急激な近代化が進み、「科学」への関心が芽生えた。霊魂という日本の伝統的存在に対しても「科学」による検証が行われ、心霊学や催眠術ブームが巻き起こった。千里眼・テレパシー・念写・透視などの「超能力」の存在は世の人々の注目の的となり、その実験結果は新聞紙上で大きく取り上げられ社会現象となった。霊といった「科学」では解明することが困難な世界に注目が集まり、精神療法・霊術が大流行した。その背景には、資本主義の急速な発達により社会矛盾が表面化し、物質万能主義に抵抗して伝統的精神世界を再評価しようとする動きがあったことを指摘することができる。

「妖怪博士」の異名をとる井上円了《いのうええんりょう》（一八五八－一九一九）は妖怪の「科学的」研究を行っ

た。井上のいう妖怪とは、いわゆる妖怪だけでなく、超常現象や手品、精神病など不思議な現象すべてのことを指している。井上は不思議な現象の多くが「迷信」に起因するものだとするが、中には「真怪」と名づけた真の神秘もあるとする。『幽霊論』においては、死霊・生霊を信じる者ははなはだ多いけれども、大多数は愚民の妄想による現象であるとする一方、霊魂の存在を完全に否定しているわけではない。その逆で、世間でさかんに唱えられる幽霊を批判することによって、霊魂という無限絶対の存在を証明しようとしたのであった。

他方、民間に残るさまざまな伝承を記録し、それらを日本人が織りなしてきた民間信仰として大切に残そうとしたのが柳田国男であった。柳田は不可思議な現象や存在を「迷信」として切り捨てるのではなく、その総体を民俗学としてとらえようとしたのであった。

また、江戸時代に鳥山石燕《とりやませきえん》によってさまざまな妖怪が具象化されて、この流れは水木《みずき》しげる（一九二二―）に受け継がれたが、そこにはさまざまなモノに霊魂の存在を見出す日本人の心性があらわれていると言えよう。

現代においても、非業の死を遂げた人々のためには、その霊を慰めるために慰霊施設が必ずと言っていいほど建立される。交通事故で亡くなった人のためには、事故のあった場所に仏像が安置されるし、天変地異のために命を落とした人のためには、石碑などが建立される。

こうした行為は、外的要因により自らの意思に反して命を奪われた人の慰霊は当然行われなければならないと考えられていることによる。また、こうした行為は死者のための慰霊だけでなく、残された人のための慰霊でもあり、教訓を残すという意味も有している。すなわち、死者の慰霊をすることとは、実際には関係者の心を整理して慰める行為だと言える。そして、同じような災害が起きないよう、事件・事故のあった場所に慰霊の施設を建てて注意を喚起しているのである。

中河原海岸「海の守り」
（三重県津市）

三重県津市中河原海岸には「海の守り」という女神像が建てられている。この海岸では一九五五年七月二十八日、水泳教室を開いていた橋北《きょうほく》中学校の女子生徒三十六人が溺死するという痛ましい事故があった。この原因はさまざまに言われているが、一九四五年の津市大空襲と関連させた噂が語り継がれている。七月二十八日の空襲のとき、海岸へ逃がれたが、B29による焼夷弾《しょういだん》攻撃により多くの人々が亡くなり、そのときの成仏していない霊が海中に生徒たちを引っ張り込んだというのである。事故の起こったのがちょうど十年後の七月二十八日ということと場所が一致していること、さらには原因もよくわからず、生徒の中には海の底からたくさんの人が引っ張ろうとしたという証言もあったことから、この事故は空襲で非業の死を遂げた人々の怨霊と結びつけられることとなった。現在でもこの海岸は遊泳禁止となっており、泳ぐ人がいないよう「海の守り」が見張っている。

怨霊のあり方は時代とともに変遷してきたが、日本人の心の中には、絶対的悪もなければ絶対的善もなく、その中で迫害を受けて死に追いやられた人は、時の社会情勢や力関係によりたまたま憂き目に遭ったのだという思いから、安住の地に赴けない霊魂が怨霊となって現世に祟って登場すると考えられていた。怨霊は人々の心が創り出したものであり、怨霊となる原因を作った側の人物にとっては、常に恐怖に怯《おび》えて暮らすことを強いられるのであった。けれども、怨霊は単に怖ろしい存在であるだけでなく、怨霊を認識することによって、ある事態が一方的に進みすぎないようにバランスを保つ役割も果たしていたと指摘することができよう。われわれはさまざまな霊に取り囲まれて調和を保って暮らしてきた日本人のあり方をもう一度考える必要があるのではないだろうか。

あとがき

本書は私にとってはじめての新書である。『跋扈《ばっこ》する怨霊』がおもしろかったので、菅原道真・平将門・崇徳院の「日本三大怨霊」にしぼった新書を書かないかと、二〇一二年十二月に編集部の太田和徳氏からメールをいただき、自らの非力を省みず、即座に快諾する旨の返事をしてしまった。

その後、忍者研究や自身の研究書出版なども重なったことにより、書き上げることができるのかと、ときどき気持ちが折れそうになりながらも、太田氏からの期待にこたえようと自己を奮い立たせることによって、何とか書き上げることができた。

大学院在学中から怨霊研究を始め、そのときは崇徳院怨霊の研究が中心だったが、それと同時に、研究会では大学図書館に所蔵されている北野社家日記を解読し、また岩井市史の編さんにたずさわっていたことにより、岩井市（現坂東市）を何回も訪れて将門関係の史料にも目を通していた。もちろん、そのころには将来、菅原道真・平将門・崇徳院の怨霊に関する本を書くことになるとは全く思っていなかったが、今回このように三者が一体となったことには何かの縁を感じる。

私の専門は日本中世史であるが、大学時代は上田正昭先生に大変お世話になり、日本古代史のみならず東アジアにおよぶ広い視野が重要な点を教えていただいた。実際、竺沙雅章・礪波護・愛宕元・藤善眞澄といった東洋史の先生の授業が大変面白く、日本史よりも東洋史の授業の方に積極的に参加していたと言ってもよいくらいである。また、大学院では近代史の大濱徹也先生が指導教員となったことも今から思えば幸運なことであった。日本史研究者であると、どうしても自分の専門外の時代のことを書くのは気が引けるが、近代のことについても何とか書けるようになったのは先生のおかげであるし、宗教・思想・文学・美術・民俗学に関しても、大学・大学院の諸先生方に多くのことを教えていただいたことは、自分の血となり肉となった。本書において、日本中世史に基軸を置きながらも、さまざまな時代と分野の資料を扱っているのも、こうした影響が強いと言えよう。

もちろん、専門の日本中世史の分野では、大山喬平・上横手雅敬・田沼睦・今井雅晴・山本隆志といった先生方に大変お世話になり、学外でも多くの先生方にご指導いただいた。また、先輩・同輩・後輩にも折にふれさまざま教えていただいたほか、講演会などでの質疑応答で初めて気づくこともあった。ひとり史料に向かっているだけでは、本書が上梓されることはなかっただろう。そして、現地を訪れて写真を撮ったり情報を集めたり、さらには「気」を感じることも本書執筆には欠かせない作業だった。

さまざまな場面で出会った方々との縁に感謝して擱筆したい。

二〇一四年七月

山田雄司

参考文献

荒俣宏監修・田中聡著『伝説探訪 東京妖怪地図』（祥伝社、一九九九年）
飯沼賢司『八幡神とはなにか』（角川書店、二〇〇四年）
池上良正『死者の救済史』（角川書店、二〇〇三年）
李世淵『日本社会における「戦争死者供養」と怨親平等』（東京大学博士学位論文、二〇一二年度）
一柳廣孝『催眠術の日本近代』（青弓社、一九九七年）
伊藤清司『死者の棲む楽園』（角川書店、一九九八年）
稲葉嶽男『関東中心平将門伝説の旅』（一九九三年）
井上円了『妖怪玄談』（大東出版社、二〇一一年）
今堀太逸『本地垂迹信仰と念仏』（法蔵館、一九九九年）
今堀太逸『権者の化現』（思文閣出版、二〇〇六年）
岩井市史編さん委員会編『岩井市史別編　平将門資料集』（岩井市、一九九六年）
上田正昭編『天満天神』（筑摩書房、一九八八年）
海老名尚「『将門伝説』にみえる将門像の変遷」（岩井市史編さん委員会編『岩井市史別編　平将門資料集』岩井市、一九九六年）
大江篤『日本古代の神と霊』（臨川書店、二〇〇七年）
大形徹『魂のありか』（角川書店、二〇〇〇年）

小川原正道『近代日本の戦争と宗教』（講談社、二〇一〇年）
香川県埋蔵文化財センター編『讃岐国府跡を探る』（香川県埋蔵文化財センター、二〇一〇年）
笠井昌昭『天神縁起の歴史』（雄山閣出版、一九七三年）
加地伸行『儒教とは何か』（中央公論社、一九九〇年）
梶原正昭・矢代和夫『将門伝説』（新読書社、一九七五年）
勝田至「さまざまな死」（『岩波講座日本通史　第八巻中世二』岩波書店、一九九四年）
河内祥輔『保元の乱・平治の乱』（吉川弘文館、二〇〇二年）
河音能平『天神信仰の成立』（塙書房、二〇〇三年）
木場明志「満州国の仏教」（『思想』九四三、二〇〇二年）
黒田龍二『中世寺社信仰の場』（思文閣出版、一九九九年）
小松和彦『酒呑童子の首』（せりか書房、一九九七年）
神社と神道研究会編『菅原道真事典』（勉誠出版、二〇〇四年）
真保亨『北野聖廟絵の研究』（中央公論美術出版、一九九四年）
竹居明男編『天神信仰編年史料集成―平安時代・鎌倉時代前期篇』（国書刊行会、二〇〇三年）
竹居明男編『北野天神縁起を読む』（吉川弘文館、二〇〇八年）
竹内秀雄『天満宮』（吉川弘文館、一九六八年）
田代慶一郎『夢幻能』（朝日新聞社、一九九四年）
千葉県立大利根博物館・千葉県立関宿城博物館 共同企画展『英雄・怨霊平将門―史実と伝説の系譜』（千葉県立大利根博物館・千葉県立関宿城博物館、二〇〇三年）
東京国立博物館・福岡市博物館・大阪市立美術館編『天神さまの美術』（NHK、二〇〇一年）

所功『菅原道真の実像』（臨川書店、二〇〇二年）
戸田芳實『日本中世の民衆と領主』（校倉書房、一九九四年）
中村禎里『生命観の日本史』（日本エディタースクール出版部、二〇一一年）
西山克『聖地の想像力』（法蔵館、一九九八年）
福田豊彦「将門伝説の形成」（大隅和雄編『鎌倉時代文化伝播の研究』吉川弘文館、一九九三年）
真壁俊信『天神信仰の基礎的研究』（近藤出版社、一九八四年）
真壁俊信『天神信仰史の研究』（続群書類従完成会、一九九四年）
真壁俊信『天神縁起の基礎的研究』（続群書類従完成会、一九九八年）
真壁俊信『天神信仰と先哲』（太宰府天満宮文化研究所、二〇〇五年）
松尾剛次『中世都市鎌倉を歩く』（中央公論社、一九九七年）
松尾剛次『太平記』（中央公論新社、二〇〇一年）
村上春樹『平将門伝説』（汲古書院、二〇〇一年）
村山修一編『天神信仰』（雄山閣出版、一九八三年）
村山修一『天神御霊信仰』（塙書房、一九九六年）
元木泰雄『保元・平治の乱』（角川学芸出版、二〇一二年）
山田雄司「崇徳天皇神霊の還遷」（大濱徹也編『近代日本の歴史的位相』刀水書房、一九九九年）
山田雄司『崇徳院怨霊の研究』（思文閣出版、二〇〇一年）
山田雄司『跋扈する怨霊』（吉川弘文館、二〇〇七年）
山田雄司『怨霊・怪異・伊勢神宮』（思文閣出版、二〇一四年）
吉原浩人編『東洋における死の思想』（春秋社、二〇〇六年）

山田雄司（やまだ・ゆうじ）

1967年静岡県生まれ．91年京都大学文学部史学科卒業．亀岡市史編さん室を経て，98年筑波大学大学院博士課程歴史・人類学研究科史学専攻（日本文化研究学際カリキュラム）修了．博士（学術）．2011年より三重大学人文学部教授．日本古代・中世信仰史．
著書『崇徳院怨霊の研究』（思文閣出版，2001）
『跋扈する怨霊―祟りと鎮魂の日本史』（吉川弘文館，2007）
『怨霊・怪異・伊勢神宮』（思文閣出版，2014）
『忍者文芸研究読本』（共編著，笠間書院，2014）
ほか

怨霊《おんりょう》とは何《なに》か
中公新書 *2281*

2014年8月25日初版
2022年7月30日3版

著　者　山田雄司
発行者　安部順一

本文印刷　三晃印刷
カバー印刷　大熊整美堂
製　本　小泉製本

発行所　中央公論新社
〒100-8152
東京都千代田区大手町1-7-1
電話　販売 03-5299-1730
　　　編集 03-5299-1830
URL https://www.chuko.co.jp/

Published by CHUOKORON-SHINSHA, INC.
Printed in Japan　ISBN978-4-12-102281-3 C1221

中公新書刊行のことば

いまからちょうど五世紀まえ、グーテンベルクが近代印刷術を発明したとき、書物の大量生産は潜在的可能性を獲得し、いまからちょうど一世紀まえ、世界のおもな文明国で義務教育制度が採用されたとき、書物の大量需要の潜在性が形成された。この二つの潜在性がはげしく現実化したのが現代である。

いまや、書物によって視野を拡大し、変りゆく世界に豊かに対応しようとする強い要求を私たちは抑えることができない。この要求にこたえる義務を、今日の書物は背負っている。だが、その義務は、たんに専門的知識の通俗化をはかることによって果たされるものでもなく、通俗的好奇心にうったえて、いたずらに発行部数の巨大さを誇ることによって果たされるものでもない。現代を真摯に生きようとする読者に、真に知るに価いする知識だけを選びだして提供すること、これが中公新書の最大の目標である。

私たちは、知識として錯覚しているものによってしばしば動かされ、裏切られる。私たちは、作為によってあたえられた知識のうえに生きることがあまりに多く、ゆるぎない事実を通して思索することがあまりにすくない。中公新書が、その一貫した特色として自らに課すものは、この事実のみの持つ無条件の説得力を発揮させることである。現代にあらたな意味を投げかけるべく待機している過去の歴史的事実もまた、中公新書によって数多く発掘されるであろう。

中公新書は、現代を自らの眼で見つめようとする、逞しい知的な読者の活力となることを欲している。

一九六二年一一月

中公新書

哲学・思想

a1

1 日本の名著（改版） 桑原武夫編
2187 物語 哲学の歴史 伊藤邦武
2378 保守主義とは何か 宇野重規
2522 リバタリアニズム 渡辺 靖
2591 白人ナショナリズム 渡辺 靖
2288 フランクフルト学派 細見和之
2300 フランス現代思想史 岡本裕一朗
2036 日本哲学小史 熊野純彦編著
832 外国人による日本論の名著 佐伯彰一・芳賀 徹編
1696 日本文化論の系譜 大久保喬樹
2097 江戸の思想史 田尻祐一郎
2276 本居宣長 田中康二
2458 折口信夫 植村和秀
2535 事大主義―日本・朝鮮・沖縄の「自虐と侮蔑」 室井康成
2686 中国哲学史 中島隆博

1989 諸子百家 湯浅邦弘
36 荘 子 福永光司
1695 韓 非 子 冨谷 至
1120 中国思想を考える 金谷 治
2042 菜 根 譚 湯浅邦弘
2220 言語学の教室 西村義樹・野矢茂樹
1862 入門！論理学 野矢茂樹
448 詭弁論理学（改版） 野崎昭弘
593 逆説論理学 野崎昭弘
1939 ニーチェ―ツァラトゥストラの謎 村井則夫
2594 マックス・ウェーバー 野口雅弘
2597 カール・シュミット 蔭山 宏
2257 ハンナ・アーレント 矢野久美子
2339 ロラン・バルト 石川美子
2674 ジョン・ロールズ 齋藤純一・田中将人
674 時間と自己 木村 敏
1829 空間の謎・時間の謎 内井惣七

814 科学的方法とは何か 浅田彰・黒田末寿・佐和隆光・長野敬・山口昌哉
2176 動物に魂はあるのか 金森 修
2495 幸福とは何か 長谷川 宏
2505 正義とは何か 神島裕子
2203 集合知とは何か 西垣 通

中公新書

宗教・倫理

b 1

2293 教養としての宗教入門　中村圭志
2459 聖書、コーラン、仏典　中村圭志
2668 宗教図象学入門　中村圭志
2158 神道とは何か　伊藤聡
1130 仏教とは何か　山折哲雄
2135 仏教、本当の教え　植木雅俊
2616 法華経とは何か　植木雅俊
2416 浄土真宗とは何か　小山聡子
2365 禅の教室　藤田一照／伊藤比呂美
134 地獄の思想　梅原猛
989 儒教とは何か（増補版）　加地伸行
1707 ヒンドゥー教―インドの聖と俗　森本達雄
2261 旧約聖書の謎　長谷川修一
2076 アメリカと宗教　堀内一史
2360 キリスト教と戦争　石川明人
2642 宗教と過激思想　藤原聖子
2453 イスラームの歴史　K・アームストロング／小林朋則訳
2639 宗教と日本人　岡本亮輔
2306 聖地巡礼　岡本亮輔
2310 山岳信仰　鈴木正崇
2499 仏像と日本人　碧海寿広
2598 倫理学入門　品川哲彦

中公新書

日本史

d1

2189 歴史の愉しみ方　磯田道史
2455 日本史の内幕　磯田道史
2295 天災から日本史を読みなおす　磯田道史
2579 米の日本史　佐藤洋一郎
2389 通貨の日本史　高木久史
2321 道路の日本史　武部健一
2494 温泉の日本史　石川理夫
2671 親孝行の日本史　勝又基
2500 日本史の論点　中公新書編集部編
1617 歴代天皇総覧（増補版）　笠原英彦
2302 日本人にとって聖なるものとは何か　上野誠
2619 もののけの日本史　小山聡子
1928 物語 京都の歴史　脇田修　脇田晴子
2345 京都の神社と祭り　本多健一
2654 日本の先史時代　藤尾慎一郎

482 倭国　岡田英弘
147 騎馬民族国家（改版）　江上波夫
2164 魏志倭人伝の謎を解く　渡邉義浩
1085 古代朝鮮と倭族　鳥越憲三郎
2533 古代日中関係史　河上麻由子
2470 倭の五王　河内春人
2462 大嘗祭―天皇制と日本文化の源流　工藤隆
2095 『古事記』神話の謎を解く　西條勉
1502 日本書紀の謎を解く　森博達
2362 六国史《りっこくし》―日本書紀に始まる古代の「正史」　遠藤慶太
2673 国造―大和政権と地方豪族　篠川賢
804 蝦夷《えみし》　高橋崇
1041 蝦夷《えみし》の末裔　高橋崇
2699 大化改新（新版）　遠山美都男
1293 壬申の乱　遠山美都男
2636 古代日本の官僚　虎尾達哉
1568 天皇誕生　遠山美都男

2371 カラー版 古代飛鳥を歩く　千田稔
2168 飛鳥の木簡―古代史の新たな解明　市大樹
2353 蘇我氏―古代豪族の興亡　倉本一宏
2464 藤原氏―権力中枢の一族　倉本一宏
2563 持統天皇　瀧浪貞子
2457 光明皇后　瀧浪貞子
2648 藤原仲麻呂　仁藤敦史
2452 斎宮―伊勢斎王たちの生きた古代史　榎村寛之
2441 大伴家持　藤井一二
2510 公卿《くぎょう》会議―論戦する宮廷貴族たち　美川圭
2536 天皇の装束　近藤好和
2559 菅原道真　滝川幸司
2281 怨霊とは何か　山田雄司
2662 荘園　伊藤俊一
2705 平氏―公家の盛衰、武家の興亡　倉本一宏
2709 縄文人と弥生人　坂野徹

中公新書

日本史

d2

2127 河内源氏　元木泰雄
2573 公家源氏―王権を支えた名族　倉本一宏
2655 刀伊の入寇　関　幸彦
1622 奥州藤原氏　高橋　崇
1867 院　政（増補版）　美川　圭
608 613 中世の風景（上下）　阿部謹也・網野善彦・石井　進・樺山紘一
1503 古文書返却の旅　網野善彦
1392 中世都市鎌倉を歩く　松尾剛次
2336 源頼政と木曽義仲　永井　晋
2526 源　頼朝　元木泰雄
2678 北条義時　岩田慎平
2517 承久の乱　坂井孝一
2461 蒙古襲来と神風　服部英雄
2653 中先代の乱　鈴木由美
1521 後醍醐天皇　森　茂暁

2601 北朝の天皇　石原比伊呂
2463 兼好法師　小川剛生
2443 観応《かんのう》の擾乱《じょうらん》　亀田俊和
2179 足利義満　小川剛生
978 室町の王権　今谷　明
2401 応仁の乱　呉座勇一
2058 日本神判史　清水克行
2139 贈与の歴史学　桜井英治
2481 戦国日本と大航海時代　平川　新
2688 戦国日本の軍事革命　藤田達生
2343 戦国武将の実力　小和田哲男
2084 戦国武将の手紙を読む　小和田哲男
2593 戦国武将の叡智　小和田哲男
1213 流浪の戦国貴族 近衛前久　谷口研語
2665 三好一族―戦国最初の「天下人」　天野忠幸
1625 織田信長合戦全録　谷口克広
1782 信長軍の司令官　谷口克広

1907 信長と消えた家臣たち　谷口克広
1453 信長の親衛隊　谷口克広
2421 織田信長の家臣団―派閥と人間関係　和田裕弘
2503 信長公記《しんちょうこうき》―戦国覇者の一級史料　和田裕弘
2555 織田信忠―天下人の嫡男　和田裕弘
2645 天正伊賀の乱　和田裕弘
2622 明智光秀　福島克彦
784 豊臣秀吉　小和田哲男
2557 太閤検地　中野　等
2265 天下統一　藤田達生
2357 古田織部　諏訪勝則

日本史

d 3

中公新書

地域・文化・紀行

t1

- 285 日本人と日本文化 司馬遼太郎 ドナルド・キーン
- 605 絵巻物に見る日本庶民生活誌 宮本常一
- 201 照葉樹林文化 上山春平編
- 799 沖縄の歴史と文化 外間守善
- 2298 四国遍路 森 正人
- 2151 国土と日本人 大石久和
- 2487 カラー版 ふしぎな県境 西村まさゆき
- 1810 日本の庭園 進士五十八
- 2633 日本の歴史的建造物 光井 渉
- 2511 外国人が見た日本 内田宗治
- 1009 トルコのもう一つの顔 小島剛一
- 2032 ハプスブルク三都物語 河野純一
- 2183 アイルランド紀行 栩木伸明
- 1670 ドイツ 町から町へ 池内 紀
- 1742 ひとり旅は楽し 池内 紀
- 2023 東京ひとり散歩 池内 紀
- 2118 今夜もひとり居酒屋 池内 紀
- 2331 カラー版 廃線紀行―もうひとつの鉄道旅 梯 久美子
- 2290 酒場詩人の流儀 吉田 類
- 2472 酒は人の上に人を造らず 吉田 類
- 2690 北海道を味わう 小泉武夫